怎麼做出最好選擇？

人人都需要的行為經濟學

● 犬飼佳吾 監修　● 游韻馨 譯

成為「選擇專家」，做出更好的決定！
讓自己的人生和社會變得更美好！

我們每天都要做許多選擇，比如穿什麼衣服、吃什麼食物、要打電玩還是學習，有些是日常的小選擇，有些則是影響人生的重大決定。每個人累積了一個個大大小小的選擇，造就出現在的自己。

行為經濟學是一門研究人們會做出什麼樣的選擇，以及在選擇時考慮了哪些因素的學問。研究「選擇」是怎麼一回事呢？行為經濟學主要基於兩個觀點來探討。

第一個觀點是思考什麼是正確的選擇。每個人都希望自己能做出正確無誤的選擇。行為經濟學會從經濟學的角度，探討理性的人會做什麼決定，從這個結果來考量什麼是正確的選擇。

第二個觀點則是透過觀察和實驗，來探討人們做出了什麼樣的選擇。我們並不總是能做出正確的選擇，有時也會抗拒不了誘惑，或者未經深思熟慮就做出決定。調查人類做選擇時的習慣具有什麼特性，也是行為經濟學的研究主題。

話說回來，學習行為經濟學有什麼好處呢？學好行為經濟學能讓你愈來愈懂得做決定，成為一名「選擇專家」。我們都想做出明智的選擇。在面

臨重要決定時，我們會跟同學、父母或老師商量，甚至還會上網蒐集各種資料。不過，在聽取各方意見，收集大量資料之後，可能會因為相關資訊太多，反而不知道哪一個才是最佳選擇。這個時候，善用行為經濟學的觀點，可以幫助你整理眼前的資訊，提供線索，找出正確的答案。人生是一連串的選擇，學習行為經濟學，成為明智的選擇專家，讓你的人生更加豐富精彩。

我也曾經運用行為經濟學幫助自己做出更好的決定，現在讓我們打開視野，想想我們身處的社會，行為經濟學也是一門研究如何協助別人做決定或採取行動的學問，你可以利用它來幫助同學和身邊的人做出更好的選擇。仔細思考我們真正需要的是什麼，這是一件困難卻又非常重要的事情，這麼做不只是為了自己，也是為了讓社會變得更美好。

現今的社會環境瞬息萬變，思考做出什麼樣的選擇會對自己和社會有利，是很重要的，這是提升個人與改善社會最好的機會，衷心希望各位選擇閱讀的本書，能幫助你提升自己的人生，並創造一個更美好的社會。

明治學院大學經濟學部副教授
犬飼佳吾

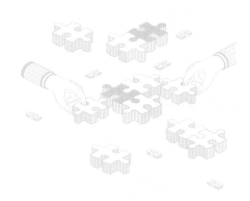

3 「行為經濟學」與「經濟學」有什麼不同？

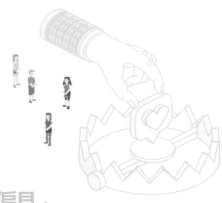

4 了解思考習慣中的「偏見」

5 引導人心的「輕推理論」

6 在日常生活中運用行為經濟學

7 / 建立正確心態，善用行為經濟學

編註：文中的商品定價及部分金額數字原為日圓，經調整為適
　　　於臺灣生活經驗的數字，以利讀者流暢理解及應用。

第 1 章

這個時候

你會選哪一個？

你會怎麼想？

1

很久都沒穿的衣服要丟掉嗎？還是繼續留著？

★自己買的衣服為什麼捨不得丟？

假設你在幾年前，分別用零用錢和壓歲錢買了自己喜歡的衣服，價格分別是「200 元」和「1000 元」，但到了現在，衣服的樣式已經退流行了，所以這兩件衣服你都不想再穿。

實際上，你現在是不是也有明知不會再穿，卻一直放在衣櫃裡的衣服呢？而且，比起便宜的衣服，你更捨不得丟掉那些比較貴的衣服。

無論是昂貴或便宜的衣服，既然以後都不會再穿，就應該全部處理掉。「話是這麼說沒錯，可是貴的衣服就是捨不得丟。」——大家心裡是不是這麼想的呢？

但是，價格高低其實不是重點，既然是不穿的衣服，留著也沒用。儘管如此，很多人還是捨不得丟掉高價的衣服。

如果有一個朋友跟你說：「我有些衣服很久沒穿了，但是我捨不得丟掉。」你心裡一定會想：「衣服不穿就丟掉吧。」可是，你卻捨不得丟掉自己不穿的衣服，不覺得很奇怪嗎？

不穿的衣服，會因價格高低而有不同處理方式

> 雖然已經很久沒穿了，可是這件衣服很貴耶……

兩件都是很久沒穿的衣服，
價格較高的衣服就是捨不得丟？

？一起來思考

● 很久沒穿的衣服，能夠很輕易的處理掉嗎？
● 買新衣服的時候是不是很開心？
● 丟掉舊衣服的時候有什麼感覺？

面對「高中低」三種選項，你會選哪個？

★不想選最貴的，也不想選最便宜的？

我們在傳統的日式壽司店點餐的時候，雖然吃不到像迴轉壽司店裡那種一盤 30 元的壽司，可以依照個人的喜好來點餐，但通常店裡也會有固定的套餐提供消費者選擇，最常見的是分成「松、竹、梅」或「頂級、高級、平價」等三種套餐。

假設某家壽司店推出了以下三種套餐：

‧松（480 元）‧竹（390 元）‧梅（300 元）

想像一下，如果你去這家壽司店，你會選哪個？

有人認為：「難得吃一次傳統壽司店，當然要選『松』套餐。」也有人認為：「『松』套餐太貴了，吃『梅』套餐就好。」當然也有人想得比較多，覺得：「『松』套餐太貴，但是點『梅』套餐的話，店員會不會覺得我太小氣？那就吃『竹』套餐好了。」

事實上，出現三種選項時，大多數的人都會選擇中間的選項。你是不是也會選擇「竹」套餐？

第

1

章
這
個
時
候
你
會
選
哪
一
個
？
你
會
怎
麼
想
？

3

如果等愈久可以拿到愈多錢，你會等嗎？

★同樣是「一天」，給人的感受截然不同。

請回答以下問題，你會選哪一個呢？

【問題①】

A）100 天後可拿到 500 元

B）101 天後可拿到 505 元

相信各位都會選 B 吧？選 B 的人一定覺得：「既然都等了一百天，再多等一天也沒差，還可以多拿 5 元。」

接下來，我將【問題①】的時間各縮短一百天，選項如下：

【問題②】

A）現在立即可拿到 500 元

B）明天可拿到 505 元

基於「等一天才多 5 元，當然現在就拿」的想法，而選擇 A 的人，一定比較多吧？第二題和第一題一樣，都是「多等一天可以多拿 5 元」。可是，在問題①中願意「多等一天」的人，為什麼不願意在問題②「多等一天」呢？仔細想想，好像有點奇怪。

同樣都是多等一天，應該都會等才對？

同樣都是「多等一天」，
為什麼會改變主意？

？ 一 起 來 思 考

- 「現在」的 5 元與「遙遠未來」的 5 元，對你
  來說哪個較有價值？
- 你認為時間可以改變「5 元」的價值嗎？

4

同樣都是「便宜 50 元」，
你覺得怎樣才算賺到？

★同樣的金額，卻感覺價值不一樣，真是奇妙。

今天，你拿著壓歲錢，打算去買心想了很久的一套文具組和一件衣服。

這套文具組在家裡附近的文具店售價是 300 元；同樣的文具組在另一家文具店售價卻是 250 元，可是得騎十五分鐘的自行車過去買。而你喜歡的那件衣服，在家裡附近的服飾店賣 2000 元；在騎車過去需十五分鐘的另一家店，賣 1950 元。你會想在哪一家店買文具組和衣服呢？

事實上，我提出這個問題時，大多數人的答案是「騎自行車去買文具組」，「在家附近的服飾店買衣服」。因為 300 元少了 50 元，感覺便宜了很多，比 2000 元便宜 50 元更划算，因此多數人不會特地騎自行車到離家較遠的店買衣服。

可是你想想看，這兩樣物品都是騎自行車去買就能省下相同金額，也就是「50 元」。既然如此，騎自行車去買衣服不也一樣嗎？

同樣便宜50元，感覺卻不一樣

300元→250元

2000元→1950元

咦？兩邊都是便宜50元啊⋯⋯

哇！文具組變得好便宜，騎車去買吧！

衣服價格相差不大，就買貴一點的吧！

仔細想想，同樣是便宜50元，一邊覺得很划算，另一邊卻無感，好奇怪啊！

一起來思考

● 想想看，兩邊都是便宜 50 元，卻覺得文具組比較划算，為什麼會有這種感覺？

知名的「囚犯困境」理論，一起想想看

★對方的行為會改變最後的結局，好難抉擇！

接下來的題目跟知名的「囚犯困境」有關。

老師發現 A 同學與 B 同學應該都參與了一場惡作劇，所以分別將他們帶到不同教室裡詢問。可是老師沒有決定性的證據，於是向兩人提出以下條件：

- 「如果你們兩個人都坦白認錯，我會處罰你們跪坐 3 分鐘。」
- 「如果你們兩個人都不承認，兩個人都處罰跪坐 1 分鐘。」
- 「如果你們其中一個人坦白，而另一個人不承認，那麼坦白的人不用受罰，另一個人處罰跪坐 5 分鐘。」

A 同學和 B 同學都不想受罰，即使 A 同學為了不想被罰而認錯，只要 B 同學也基於相同想法認錯，那麼兩人都要被罰「跪坐 3 分鐘」。倘若 A 同學不認錯，想賭「跪坐 1 分鐘」的懲罰，但只要 B 同學認錯，B 同學就不用跪坐，反而是 A 同學要「跪坐 5 分鐘」。

關鍵在於，對方是否坦白將影響結果。自己必須先預測對方會不會坦白，才能決定自己要怎麼做。

如果你是 A 同學，你會怎麼做呢？

哪一個選擇對自己最有利？

我認為你們跟這場惡作劇有關，現在要帶你們到不同教室問話。依照你們回答的的結果，會影響受處罰跪坐的時間長短，請好好想一下。

A同學

	坦白認錯	不承認
坦白認錯	兩人都跪坐3分鐘	A同學跪坐5分鐘 B同學不用受罰
不承認	A同學不用受罰 B同學跪坐5分鐘	兩人都跪坐1分鐘

B同學

如果我認錯，而B同學不認錯，我就不用跪坐；但如果B同學也認錯，我就要跪坐3分鐘……。

我希望「不要跪坐」，可是要是我認錯，A同學也認錯的話，我要跪坐3分鐘……。

編註：此為情境題，現今臺灣、日本皆禁止體罰學生。

？ 一 起 來 思 考

- 和他人在一起時，如果只有考慮到自己的狀況，結果好像會對自己不利？
- 各位是不是曾經因為只顧自己的利益，最後得不償失？

在未來，數位化會改變「價值」！

　　隨著數位化蓬勃發展，現在很多事情變得愈來愈方便。舉例來說，先前新冠疫情爆發後，許多人採取遠距工作，不需要進公司上班，只要待在家裡連線就能完成工作，這些都要歸功於個人電腦、智慧型手機、iPad 等數位產品和網路的發達。

　　對於人類來說，這是一個非常大的轉變。過去人們必須花費交通時間到達公司，才能上班賺錢；而現在我們不用出門，透過電腦等設備就能開視訊會議、互傳電子文件，一樣能賺取薪水。只要人們稍微轉變一下想法，善用數位產品，可以省去出門搭車的交通時間，完成許多以前必須進公司上班才能做到的事情，可以說「到公司上班」的價值變得比以前更低了。

　　隨著數位技術不斷發展，或許未來和海外的外國人透過螢幕進行視訊通話時，能直接溝通，不再需要翻譯；甚至只要穿戴特殊裝置，拍打螢幕上的臉，你也能感覺到疼痛。如果這樣的科技成真，那麼就如同遠距辦公改變了「進公司上班」的價值一樣，各個領域原本具有的「價值」也將會變得不同。我們現今就是處在這樣一個瞬息萬變的時代。

第 2 章

人類經常

做出莫名其妙的

行為？

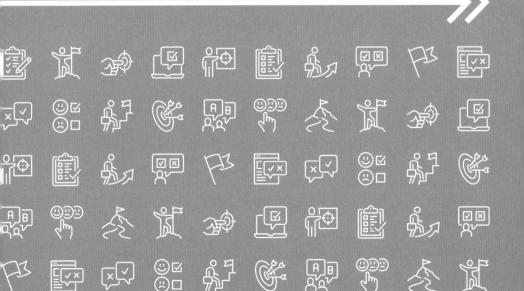

1

中樂透的可能性
微乎其微……

★明知很難中獎，為什麼還是要買樂透彩券？

　　你和你的家人、朋友有沒有想過「如果買樂透中了一億元要怎麼花」？會不會還愈想愈興奮呢？大家都知道，中樂透頭獎是一件很難的事情，然而，很少人好好的思考過，中獎機率到底有多低。

　　以日本 2021 年發售的年末 JUMBO 彩券為例，一等獎（頭獎）獎金為七億日圓，總共賣出兩千萬組彩券，每組的中獎名額如右頁所示。

　　在兩千萬張彩券中，一等獎只有一個中獎名額，因此中獎機率為「2000 萬分之 1，也就是 0.000005％」。任誰來看，這都是令人絕望的中獎率。

　　即使如此，很多人還是會說：「不買就沒機會中獎！」無視低得可憐的中獎率，依然抱著「可能中獎」的希望掏錢買彩券。

　　看到中獎率這麼低，你認為「買彩券是一件虧錢的事」？還是覺得「買了就有機會中七億」？如果你的家人想買彩券，你有什麼想法呢？

看到頭獎的中獎率，你還想買彩券嗎？

● 日本2021年的年末JUMBO彩券（1組）的中獎名額和中獎機率

等級	獎金	名額	中獎機率
1等獎	7億日圓	1個	2000萬分之1
1等前後獎	1億5000萬日圓	2個	1000萬分之1
1等組違獎（跟1等獎的數字相同但是在不同組別）	10萬日圓	199個	約10萬503分之1
2等獎	1000萬日圓	4個	500萬分之1
3等獎	100萬日圓	40個	50萬分之1
4等獎	5萬日圓	2000個	1萬分之1
5等獎	1萬日圓	6萬個	約333分之1
6等獎	3000日圓	20萬個	100分之1
7等獎	300日圓	200萬個	10分之1

冷靜想想，這麼低的中獎率確實讓人不想買呢！既然會虧錢，我就不買了。

你不懂啦！不買彩券怎麼會中一等獎呢？

❓ 一 起 來 思 考

● 你覺得自己比想像中更容易中樂透大獎嗎？或是覺得自己不太可能會中獎？

● 想一想，「2000萬分之1」的中獎機率有多低！

2

換做現在就不會買的衣服，
為何還捨不得丟？

★有什麼東西是你不需要卻又捨不得丟掉的？

在第 10 頁中，我詢問各位讀者，貴的衣服和便宜的衣服，哪一種比較難捨棄？相信大多數人都覺得，貴的衣服更難捨棄。那麼，如果問你：「假設你本來就沒有那些（已經不穿的）衣服，現在看到它，你會買嗎？」你的答案是什麼？你可能會說：「既然是不想穿的衣服，所以不會買。」「不想穿的衣服」理所當然不會再買。說到這裡，你有沒有發現一些奇怪的事？

假設你從來沒買過那件昂貴的衣服，即使現在在服飾店看到它也不會買，那為什麼在衣櫃裡看到它的時候，會找一堆藉口，例如：「丟了很浪費」、「以後可能會穿」等，捨不得丟掉呢？這就好像在說「我不需要那件衣服，可是我需要」這樣的話，令人無法理解。

如果手邊沒有那些自己並不想穿的昂貴衣服，就會覺得「不需要它」；如果是已經擁有這件衣服，就會覺得「可能會再穿所以需要留下來」──僅僅是「目前有」與「目前沒有」的差異，就會讓同一個人對同一件衣服產生完全不同的看法。冷靜想一想，這種思路是不是有點莫名其妙呢？

為什麼我們在考慮丟東西時會覺得苦惱？

在服飾店看到「不想穿」、「不喜歡」的衣服時，沒有人會「想擁有它」。但同一個人在衣櫥裡看到「再也不想穿」、「已經不喜歡」的衣服時，卻往往不自覺「自己並不需要它（＝應該丟掉它）」。

在衣櫥裡看到現在絕對不會買的衣服卻沒辦法下定決心「現在丟掉它」，這是為什麼呢？

一 起 來 思 考

- 明明知道「不需要」卻捨不得丟，這是為什麼呢？
- 覺得「有一天會用到」的東西，真的會用到嗎？

有必要把一本
無聊的漫畫看完嗎？

★為什麼人的行為會改變呢？

把有限的零用錢拿去買漫畫，選了好久卻選到一本內容很無聊的漫畫——你也有過這樣的經驗嗎？

碰到這種情形，大部分的人會說：「好不容易買了，不看完的話很浪費。」但是看完之後又覺得「真的好難看，早知道就不看了」而不禁感到後悔。

如果是課本，再無聊也必須看下去，可是漫畫不就是為了讓自己開心才買來看的嗎？最後卻變成要耐著性子硬把「難看」的漫畫看完。

如果同學跟你說：「這本漫畫很好看。」但當你向同學借來看之後才發現不好看，你會像自己買的漫畫一樣，覺得「跟人家借來的漫畫，不看完好可惜」嗎？因為是別人買的漫畫，似乎比較容易看到一半就不看了，對吧？

原本想開心看漫畫，卻硬逼自己看完無聊的內容，仔細想想，不覺得很奇怪嗎？

拿到一本不好看的書，你會選擇把它看完嗎？還是乾脆就不看了？

看到一本難看的漫畫，你有勇氣中途放棄嗎？

當你看到一本內容無趣的漫畫，自然不會像看到有趣的漫畫一樣覺得開心。不過，如果這本漫畫是用自己的零用錢買的，決定半途而廢還是需要很大的決心。

為什麼難看的漫畫還是想把它看完呢？

一 起 來 思 考

- 看 YouTube 影片時，如果覺得內容很無聊，你會把它看完嗎？
- 自己花錢買的跟免費取得的書，決定中途放棄的標準是一樣的嗎？

4

為了免費事物，
值得花幾個小時排隊嗎？

★一起來思考「免費」與「排隊時間」的問題吧！

　　舉個例子，今天有一家牛丼（牛肉蓋飯）連鎖餐廳發送免費券，結果店門口大排長龍，因為有「免費的一餐」。有些民眾認為「既然拿到免費券，不用就太可惜了」，也有人的心態是「本來想吃拉麵，但因為拿到免費券就改吃牛丼」。

　　話說回來，平常消費者只要付錢就能很快吃到牛丼，而現在為了免費餐點，必須耗費一小時才能吃到，這樣真的划算嗎？可能很多人覺得「不用錢當然划算」。另一方面，也有人認為「雖然很想吃牛丼，但排隊很浪費時間，決定去別家店」、「為了免費吃到 89 元的牛丼，必須花一個小時排隊，太不划算了」。他們的觀念是「時間就是金錢（時間寶貴，不應隨便浪費）」。

　　就算為了免費吃一碗價值 89 元的牛丼而必須排隊，你應該也有底線。如果等候 30 分鐘可能還願意，要是得排上 5 個小時，應該沒多少人願意。為了免費餐點，究竟值得花多久時間排隊呢？如果換成 6000 元的高級壽司，標準可能也不同。那麼，你願意為了免費吃一碗價值 89 元的牛丼，花多少時間排隊呢？

人們會為了什麼事物排隊？

知名的牛丼（牛肉蓋飯）連鎖店吉野家一號店，過去位在東京築地市場。2018年築地市場關閉，當時，吉野家一號店宣布將隨著築地市場一同結束營業，結果在築地市場關閉之前，吉野家一號店天天大排長龍，明明去別家分店就可以立刻進門用餐，民眾還是決定在這裡排隊。

人們為什麼願意花時間排隊？

一 起 來 思 考

- 你曾經為了「免費券」排隊過嗎？
- 為了免費的優惠，你認為「值得」花多久時間去排隊？

有機會拿到的錢，
你有不拿的理由嗎？

★人們會放棄有機會得到的錢嗎？

你和朋友甲在聊天的時候，有一位陌生人突然走過來，向你說：「這裡有 1000 元給你來分配，如果甲也同意你的分配方式，就依照你的提議分配，如果甲不同意，我就沒收這 1000 元。」

為了拿到錢，你的腦中馬上冒出許多念頭。

「我想拿到所有的錢，但甲一定不會同意。」

「如果各分配 500 元，不知道甲會不會同意……」

「欸，等一等。就算我只提議給甲 1 元，這也比一毛都拿不到還好，說不定甲不會拒絕！可是，要是我這麼做，他一定會討厭我……」

仔細想想，你拿 999 元，給甲 1 元，甲同意收下這 1 元，比甲什麼都不拿來得好。

不過，如果兩人立場相反，你會怎麼想？對方拿走絕大部分的錢，你什麼都不用做就能拿到 1 元，你會拒絕對方，不收下這1 元嗎？

你會如何跟朋友分配這筆錢？

經濟學家進行左頁內容的實驗，結果發現，大部分被分配金錢的一方，最喜歡平分一半。令人意外的是，如果負責分配金錢的一方拿得太少，被分配的一方拒絕的機率也變高。

如果你是被分配的一方，在什麼情況下你會拒絕對方的建議？

一起來思考

● 如果你是分配者，你會給甲多少錢？

● 如果你是甲，對方只想給你 1 元，你會拒絕嗎？
拒絕的話不就讓自己吃虧了嗎？

6

如果可以全拿，
真的會全部接受嗎？

★或許人們很不善於只讓自己獲利！

這次的情境設定是，你和一名陌生人乙待在同一個地方，這時有另一名陌生人走了過來，拿出一百枚 10 元硬幣，對你說：「我給你 1000 元，你可以自行決定要分多少錢給乙，不用問他的意見。」

也就是說，你可以獨吞這 1000 元；也可以跟乙平分，一人拿 500 元，甚至將 1000 元都給乙也沒關係。

你會怎麼做呢？

你可能會想「當然是全部獨吞啊」，但請再仔細考慮一下，要是你的身邊有一位自己不認識的乙，你有勇氣在他面前說出「這 1000 元我全都要」這種話嗎？

事實上，實驗結果顯示，大多數人不會全拿，而是拿其中的五到七成，剩下的分給對方。儘管全拿的利益最大，但大部分的人不會這麼做。

人們通常都想著如何「獲利」，絕不希望自己「吃虧」，既然如此，結果應該是全拿才對啊，不過多數人還是選擇把錢分給別人，這真是奇妙啊。

自己獨占好處，總覺得不好意思？

當身旁有別人時，即使心裡想著「好處我要全拿」，其實還是很難說出口的。就好比當你眼前有愛吃的點心時，如果有朋友在場，你是不是也會考慮分一些給他們？

明明想要「獨占好處」，
卻覺得這種做法不太好？

一 起 來 思 考

- 對於只有自己獨占好處，你有什麼想法？
- 如果每個人都只為自己謀福利，你覺得這個世界會變成什麼樣子？

在元宇宙裡超越時空的時代來到了嗎？

在第 20 頁裡，我提到隨著數位化蓬勃發展，「事物原有的價值將會改變」。這股風潮中，最值得注目的是「元宇宙」。元宇宙簡單來說，是「在電腦和網路上建構的三次元虛擬空間」。

在元宇宙中，你可以使用自己的虛擬化身（Avatar）在這個虛擬空間中自由移動，購買自己喜歡的衣服來穿，也可以在虛擬空間內買土地、蓋房子。此外，你可以任意控制和移動虛擬化身，和元宇宙中其他各式各樣的人物互相交流。

在不久的將來，只要人們戴上特殊眼鏡，可能就可以到達元宇宙所打造的與現實世界相同場景的「虛擬京都」、「虛擬原宿」等景點逛街、購物。如果現實世界與元宇宙的虛擬世界之間的界線逐漸消失，那麼將來我們或許不再需要親身到達京都，而是隨時使用虛擬化身前往，這超越了時間和空間的限制，讓我們隨時能瞬間移動到世界各地去。

這樣一個超越時間與空間的時代即將來臨。

第 3 章

「行為經濟學」

與「經濟學」

有什麼不同？

1

人類其實是非理性動物！

★人類會做出「莫名其妙」的行為。

明知道吃太多會變胖，看到蛋糕還是忍不住吃了下去，明知道不念書考試會完蛋，卻還是一直上網看 YouTube。

明知道之後會發生「體重增加」、「成績變差」等自己不希望的結果，做出的舉動卻還是跟本意背道而馳，這是因為，人會被眼前開心享樂、輕鬆自在的事情吸引。

有時候，不知道為何，人會違背自己的心意做出相反的行為。例如：應該好好對待自己的心儀對象，卻忍不住欺負他；或是應該跟人家道歉的時候，嘴巴卻說不出口。

仔細觀察動物就會發現，動物也會經常出現一些不明所以的行為。儘管你會笑說「那隻狗到底在幹嘛」，但你自己可能也在做讓其他人懷疑「這個人到底在幹嘛」的事情。即使人類是智力最發達的動物，但還是常常犯錯，不時做出一些令人無法理解的事情，人類並非那麼完美。

在第 1 章與第 2 章討論了人類容易犯錯的事例。本章將解釋「行為經濟學」，揭開人類容易犯錯的本質。

人為什麼無法按照自己的想法做事？

人類也會做出莫名其妙的行為，
未必如自己說的那麼厲害！

一起來思考

● 你有多怕麻煩？
● 你曾經以「麻煩」為藉口，做出違背自己心意的事情嗎？

2

「行為經濟學」與
「經濟學」有什麼不同？

★「行為經濟學」是備受矚目的實用學問。

如果突然被問到「什麼是經濟學？」你可能不知道怎麼回答，這也是很正常的。本書中不會詳細解釋經濟學的理論，但請各位記得一點，經濟學是以「聰明且能完美自我管理的人」為前提的學問。簡單來說，一個「聰明且能完美自我管理的人」，會按照計畫寫完暑假作業，不浪費錢，決心減肥就一定會成功。或許你不太符合這個標準，因為人經常有浪費的情況，有時也無法按照計畫完成作業。

由於經濟學探討的對象並不是具有上述缺點的人，因此在真實社會中運用起來有許多不合理的地方。不只是你，大多數人都無法像經濟學所描述的那樣「做出聰明且完美的行為」，所以誕生了一門新的「行為經濟學」。

行為經濟學是觀察人類的心理與行為，釐清人類為何犯錯的學問。我們不是機器人，是有情感的人類，所以有時會做出一些奇怪不合理的事情。「行為經濟學」就是以一般的普通人做為探討對象，符合真實社會樣貌的一門學問，因而備受矚目。

行為經濟學是符合人性的學問！

經濟學	行為經濟學

預設的人類形象

人類總是做出 合理判斷與行為	人類的行為 不一定合理

何時出現？

16世紀後期	20世紀後期

知名學者

 亞當・史密斯
（Adam Smith）
（1723年－1790年）

 丹尼爾・康納曼（P.43）
（Daniel Kahneman）
（1934年－）

 約翰・梅納德・凱因斯
（John Maynard Keynes）
（1883年－1946年）

 理察・塞勒（P.43）
（Richard Thaler）
（1945年－）

 保羅・薩繆森
（Paul Samuelson）
（1915年－2009年）

 勞勃・席勒
（Robert Shiller）
（1946年－）

行為經濟學是一門新學問，在未來會變
得更加重要，現在了解它絕對有好處！

❓ 一 起 來 思 考

● 你覺得自己能聰明且完美的做事嗎？
● 觀察身邊，是否有做事聰明而且完美的人！

3

人心很複雜，不是只想要得到好處？

★對他人的體貼其實是為了自己？

在第 32 頁問過各位「將自己可以拿到的錢分給別人」的問題，就經濟學而言，對自己最有利的合理判斷是「自己獨拿1000 元」。但就像之前說過的，大部分的人還是會選擇跟陌生人共同分享，這是因為人類不只有「想要得到好處」的願望，還有一種為別人著想、對別人友善的情感，這稱為「利他主義」。而經濟學沒有將這一點考慮在內，所以經濟學無法全面解釋現實世界的樣貌。

進一步思考，會產生一個疑問：「利他主義」是真正為別人好，還是為自己的目的呢？與其說人是為了對方著想，才將1000 元分一些給對方，不如說是希望對方認為自己是個好人，才做出這個決定。表面上看似為對方著想，實際上也可以說是為了自己好，才把錢分給對方。

總之，人心是很複雜的，行為經濟學便是研究人類的心理與如何判斷得失的學問。

經濟學和行為經濟學設定的人類樣貌

經濟學設定的人類樣貌

只考慮自己得到好處的
「利己主義者」

行為經濟學設定的人類樣貌

會為了他人犧牲自己利益的
「利他主義者」

老師，我有問題！你的意思是，經濟學認為人類都是沒有道德心、自私的人嗎？

雖然不是每個人都只想著自己得到好處，不過，經濟學確實沒有把體貼他人的人列入考量。

 一起來思考

● 當你做出利他行為時，內心是不是希望對方把你當成好人？你認為這種做法是真正的「利他」嗎？

因「行為經濟學」榮獲諾貝爾獎的人

★必須認識兩位最重要的行為經濟學家！

　　行為經濟學以人類不完美為前提來做研究，是一門比較新的學問。話說回來，它是由誰開創的呢？創始人被認為是美國行為經濟學家丹尼爾・康納曼，他與以色列學者阿摩司・特沃斯基合作研究，共同提出了「展望理論」（P.44），建立行為經濟學的基礎，由於對世界貢獻卓著，康納曼在 2002 年榮獲諾貝爾經濟學獎的肯定。

　　此外，另一位以「輕推理論」（P.88）聞名的行為經濟學家理察・塞勒，也在 2017 年獲頒諾貝爾經濟學獎。

　　行為經濟學家屢獲諾貝爾經濟學獎肯定，讓行為經濟學漸漸受到各界重視。

再多知道一點！

阿摩司・特沃斯基（Amos Tversky）
以色列心理學家，與丹尼爾・康納曼共同研究行為經濟學。1996 年逝世，享年 59 歲。外界認為，如果 2002 年特沃斯基還在世的話，他一定會跟康納曼共同獲得諾貝爾經濟學獎。

獲諾貝爾經濟學獎的「行為經濟學」學者

2002年獲諾貝爾經濟學獎

丹尼爾・康納曼 Daniel Kahneman

得獎原因／對於開拓行為經濟學和實驗經濟學
等新研究領域貢獻卓著
關鍵字／展望理論（P.44）

2017年獲諾貝爾經濟學獎

理察・塞勒 Richard Thaler

得獎原因／對於行為經濟學的卓越貢獻
關鍵字／輕推理論（P.88）

哇！行為經濟學雖然是新的學問領域，但已經有人以此得到諾貝爾獎。

2002年康納曼獲諾貝爾獎之後，日本也開始逐漸關注行為經濟學。

一 起 來 思 考

● 搜尋看看，還有哪些人獲頒諾貝爾經濟學獎吧！

5

行為經濟學的基礎是「展望理論」

★別擔心！雖然是諾貝爾獎等級，其實並不難。

行為經濟學最具代表性的理論是由丹尼爾・康納曼（P.43）提出的「展望理論」（Prospect Theory）。聽到這項理論獲得諾貝爾獎肯定，你可能會覺得很艱深，但本篇用簡單的方式來說明。

首先，你在決定做某件事的時候，是注重確定性（確定自己有利，可以落袋為安），還是習慣賭一把？想好你個人的傾向之後，先回答右頁的兩個問題，然後看下文說明。

大多數人在問題①會選 A，在問題②選 B。人們在問題①中重視確定性；在問題②中，由於存在借款歸零的可能性，因此常會選擇擲硬幣來決定。無論哪個問題，A、B 兩個選項的「期望值」（P.46）都一樣。

如果你是「注重確定性」的人，在問題②選 B 的話，就等於是選擇不追求確定性；如果你是「習慣賭一把」的人，在問題①選 A，則是做出了不賭的選擇。人們之所以改變作風，是因為「當有機會獲利時，會優先追求確定性（確定性效應，P.50）；當可能蒙受損失時，則優先避開風險（損失規避，P.54）」。「展望理論」就是描述這種預期得失時的決策心理。

認識「展望理論」

展望理論

行為經濟學的代表性理論。簡單來說，它描述了人類的思考習慣：「有機會獲利時，優先追求確定性；當可能蒙受損失時，則優先考慮規避風險」。

【問題①】以下的情形你會選哪一個？

A：什麼都不用做就能拿到一千元。

B：擲硬幣，擲到正面可拿兩千元，擲到背面無錢可拿。

【問題②】你要向爸媽借兩千元，以下還款條件你會選哪一個？

A：其中一千元無須歸還而且不附帶任何條件，剩下的一千元借款則須償還。

B：擲硬幣來決定。擲到正面，兩千元欠款歸零；擲到背面，兩千元仍然要還。

一起來思考

● 當出現對自己有利的情況時，你會見好就收嗎？
● 在問題①時，你是不是希望先拿到一千元就好？
● 在問題②時，你是不是想要擲硬幣賭一把？為什麼？

知道這一點就不吃虧！
了解什麼是「期望值」①

★「期望值」是考量了機率的平均值。

第 44 頁出現了「期望值」這個名詞，上網搜尋「期望值」，出現以下公式：$E(X)=x_1p_1+x_2p_2+\cdots\cdots+x_np_n$

搜尋到一個看不懂的數學公式，真是令人傷腦筋，但如果了解到「期望值」是什麼，就能幫助我們避免最討厭的「損失」，所以讓我們努力來了解吧。

期望值是「考量了機率的平均值」。舉例來說，假設我們在盒子裡放入四支籤，其中有一支「中獎」，抽中可獲得 1000 元；剩下三支為「銘謝惠顧」，抽中只能拿到 40 元。根據計算結果，每抽一次籤平均可拿到 280 元，也就是說，這次抽籤的期望值為 280 元。

計算方法如右頁說明：將四支籤全部抽出來，可抽出 1000 元、40 元、40 元、40 元的籤，拿到的總金額為 1120 元。平均為「1120 元 ÷4 次＝ 280 元」。以上的數學公式可用右頁的期望值算式表示，對小學生有些難度，所以現在只要了解它的意義就可以，不用特別去死記硬背。

一起來了解「期望值」的計算方法

《期望值的計算公式》

期望值 $E(X)=x_1p_1+x_2p_2+\cdots\cdots+x_np_n$

→ 考量了機率的平均值

「x_1」、「p_1」是什麼？我看到這個算式就不想算！

小學生不必硬記喔！

1000元　40元　40元　40元

盒子裡放入四支籤的期望值是多少？	可拿到金額	數量	中獎機率
中獎	1000元	1支	1/4
銘謝惠顧	40元	3支	3/4

套用上列的數學公式

1000元×1/4 + 40元×1/4 + 40元×1/4 + 40元×1/4 = 280元

這就是期望值 →

根據計算結果，每抽一次籤平均可中280元。這表示期望值。

看起來好像很難，但其實就是將所有的籤抽出後可拿到的錢，除以抽籤次數，最後所得到的答案。

一 起 來 思 考

● 如果抽一支籤要付 200 元，你會抽嗎？

知道這一點就不吃虧！
了解什麼是「期望值」②

★從反向立場來思考！

　　第 47 頁的「一起來思考」提出一個問題：如果抽一支籤要付「200 元」，你會抽嗎？關於這個問題，你會選擇「抽」還是「不抽」？從結論來看，根據期望值的計算結果，回答「抽」的人是對的。第 46 頁的抽籤期望值為「280 元」，抽籤費 200 元低於期望值 280 元，因此抽籤當然比較「賺」。

　　不過，也有人認為「抽一次籤要付 200 元，可是四支籤當中有三支是 40 元，要是抽到 40 元的籤不就虧大了？」這個想法來自於「遇到獲利的機會時，優先追求確定性；當可能蒙受損失時，則優先考慮規避風險」的心態（P.45）。

　　接下來我們換個角度，從做籤者的立場來看，更容易理解期望值的意義。

　　抽一次籤收 200 元，抽四次可收 800 元（200 元 ×4 次），可是還要支付 1120 元給抽籤者，換句話說，即使每支籤收 200 元，最後還是倒賠 320 元。從「做籤者吃虧＝抽籤者得利」這一點來看，應該就很清楚，當抽籤的那一方比較有利。

從做籤者的立場看來來看看是否有利

做籤者

▶抽四次籤所收取的費用總額

抽一次籤的費用200元×4次 = 800元

抽籤者付給做籤者的總金額 ↗

抽籤者

▶抽四次籤可得到的金額

1000元 + 40元 + 40元 + 40元 = 1120元

做籤者付給抽籤者的總金額 ↗

> 讓別人抽籤是為了賺錢，沒想到只虧不賺！感覺上應該會賺錢才對啊！

> 這代表你不懂期望值的意思。期望值是280元，抽一次籤收200元一定會虧。

> 既然如此，如果做籤者想賺錢，抽一次籤應該收多少錢才對呢？期望值是280元，因此只要收281元以上的金額就不會虧。

一起來思考

● 頭獎七億日圓的彩券一張售價為 300 日圓。上網就能查到彩券的期望值，各位不妨預測一下，再上網找出答案吧！

編註：可將 P.23 各獎項的中獎金額 × 中獎率，各項相加起來。

人們偏好確定的事，
這是「確定性效應」

★「落袋為安」是人性。

假設媽媽突然跟你說：「從這個月起，零用錢採選擇制。」並提出右頁選項，你會如何選擇？

你可能會認為「B選項有可能拿不到零用錢，不喜歡這種不確定的感覺，所以選A，至少確定可拿到零用錢」。如果計算兩個選項的期望值，A是「500元」，B是「560元」，算式如下：

・A）500元×1（=100%）=500元

・B）700元×0.8（=80%）=560元

假設持續一年，選A可在一年內拿到6000元（500元×12個月）；選B，假設運氣很好都沒抽到銘謝惠顧，可拿到8400元（700元×12個月），考慮到中獎機率，期望值為6720元（560元×12個月）。簡單來說，就算有幾個月拿不到零用錢，但以一年為單位來思考，選擇B可望比A多拿到720元。

多數人會選擇可以落袋為安的選項，不希望自己吃虧。這種「偏好確實可得的利益勝過不確定利益」的心態，稱為「確定性效應」（Certainty Effect）。話說回來，確實就有不少人選擇期望值較低的選項，結果是吃虧的。

你希望每個月都拿到零用錢嗎？

媽媽

> 從這個月起零用錢改成選擇制！
> 以下兩種方式，選一個你喜歡的。

> A. 每個月都能拿到500元。
>
> B. 抽籤決定。中獎率80%，中獎就能拿到700元。沒中獎則沒有錢。

> 選B的話，代表機率上每五個月內有一個月沒有零用錢可拿，我不喜歡這樣，我選A，每個月都能拿到零用錢。

> 我也要選A！要是抽到銘謝惠顧，那個月就沒有零用錢，太慘了！我也不喜歡每個月抽籤，擔心遇到沒有零用錢的情況。

> 幾乎所有人都不想吃虧，所以選擇A。不過，從期望值來看，會發現其實選B反而比較賺。所以許多人的直覺是錯的。

一起來思考

- 你是不是討厭可能拿不到零用錢的感覺？
- 期望值高就是「得利」，你同意這種說法嗎？

9

追求確實結果的人也會 嘗試冒險？

★感覺有可能吃虧的時候，人也會賭一把？

本篇的問題與第 50 頁一樣「從這個月起零用錢改成選擇制」，列出右頁選項，你會如何回答？

我猜你應該會說「兩者都可能拿不到零用錢，既然如此，就選中獎時可拿到比較多錢的 B」，對吧？計算兩個選項的期望值，A 是「240 元」，B 是「150 元」，算式如下：

- A）800 元 ×0.3（=30%）=240 元
- B）3000 元 ×0.05（=5%）=150 元

如果持續一年，選 A 的話可拿到 2880 元（240 元 ×12 個月），選 B 則可以拿到 1800 元（150 元 ×12 個月）。選 A 能拿到的總金額比較多。

在這裡看出端倪的人，你的直覺很敏銳。在第 50 頁選擇高確定性選項的人，遇到兩個選項都不確定時，也會選擇「機率雖然較低，但有機會拿到較多金錢的選項」，勇敢的賭上一把。如果這時計算期望值，或許會選 A，但是人們憑直覺覺得「B 比較有利」的狀況，通常是因為確定性和期望值都很低，才會選擇吃虧的選項。

如果不一定每個月都能拿到零用錢，確定性就不重要了嗎？

媽媽

從這個月起零用錢改成選擇制！
以下兩種方式，選一個你喜歡的。

A. 抽籤決定。中獎率30%，中獎就
能拿到800元。沒中獎則沒有錢。

B. 抽籤決定。中獎率5%，中獎就能
拿到3000元。沒中獎則沒有錢。

兩個選項都可能拿不到零用錢，既然如
此就賭一把，選擇中獎金額比較高的。

一開始我想選B，但計算期望值後，
發現A比較划算，好難選哦……

當兩個都是不確定的選項時，很多人會選擇
賭一把。即使是同一個人，也會因狀況不同
而改變心意，不一定只想落袋為安。

一起來思考

- 如果拿不到錢的可能性比較高，你會想賭一把嗎？
- 期望值較高就是「得利」，你同意這個說法嗎？

10

損失的悲傷難以忍受！
人性的「損失規避」

★你是不是很容易就忘了「開心」的感覺？

人在獲得好處時會感到開心，遭受損失時會覺得傷心。你們覺得，收到 1000 元時的開心，與遺失裡面放了 1000 元的錢包所產生的傷心，哪一種的感受更強烈？

收到 1000 元的壓歲錢很開心吧？可是過了一個星期之後，那種開心的感覺已經完全消失。

但是，如果把裡面放了壓歲錢的錢包搞丟了，那種「我掉了 1000 元啊……」的悲傷情緒，即使過了一個禮拜還是忘不掉，心裡懊悔不已。

同樣是 1000 元，失去的悲傷比獲得的喜悅感受更加強烈，這是多數人的心態。比起得到的喜悅，損失相同金額的悲傷更令人難以承受，這種心理機制稱為「損失規避」（Loss Aversion）。從右頁圖表即可看出，損失帶來的心理衝擊比起獲益的情緒，強度是兩倍左右。

如果零用錢增加 10 元，當下覺得很開心，但感謝的心情不會持續很久。反過來，當零用錢要被減少 10 元時，你一定會大力反彈來避免損失，這是「損失規避」的心理機制產生的作用。

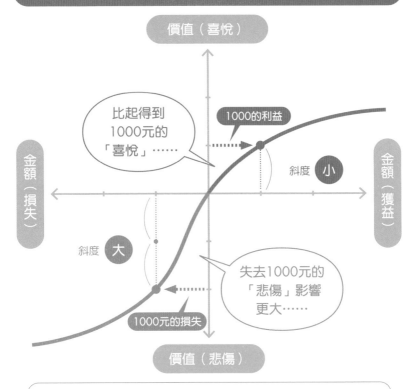

比起獲得的喜悅，損失的悲傷對人的影響更大！

比起獲得相同金額的「喜悅」，失去相同金額的「悲傷」，影響心理的程度大約是兩倍！

一 起 來 思 考

● 零用錢變多時，你的「喜悅」與「感謝的心情」會持續多久？

● 零用錢減少時，你會不會一直記在心裡耿耿於懷？

11

回想一下你的思考模式

★下意識運作的「捷徑式思考」。

生活中有各式各樣的事情需要思考，舉例來說，上學時我們不用每天特別去規畫「到學校的路線」，就能精準的到達學校，但如果是跟同學一起前往從沒去過的地方，我們會事先尋找資料，好好想一下「怎麼走才能到達目的地」。這種狀況可能有些麻煩，因為不停的思考會讓大腦感到疲累。

人類的行動伴隨著思考，並且下意識的分成兩種思考模式：一種是「不經意的思考」，就像走平常上學時的路線時；另一種則是「認真的思考」，例如前往陌生地點時，需事先了解路線。

不經意的思考模式稱為「捷徑式思考」（Heuristic Thinking，又稱捷思法），認真的思考模式則稱為「系統性思考」（Systematic Thinking）。心理學將思考分成這兩種完全不同的模式，稱為「雙重歷程理論」（Dual Process Theory）。

想一想，我們出門上學或是在家裡上廁所時，不須多想就能精準無誤的走到我們想去的地方，是不是很神奇呢？人在許多情況下，會下意識的運用「捷徑式思考」，憑直覺判斷做出正確無誤的行為。

「系統性思考」和「捷徑式思考」

客觀

合乎邏輯　　有意識

小心謹慎　　疲勞

要考慮的不只是喜歡或討厭

主觀

直覺　　下意識

快速　　不累

喜歡或討厭

《仔細思考再判斷》

系統性思考

例）陌生的目的地，不仔細思考就無法到達。

例）冷靜細想，有些白人的母語並非英語。

《未多思考即做判斷》

捷徑式思考

例）不用多想就能回到家或是去學校。

例）一看到白人就認為他們會說「英語」。

人類會運用兩種思考模式！

一直認真思考大腦會感到疲累，所以人類會依狀況自然的切換不同思考模式。

一 起 來 思 考

● 過馬路時，你是不是很自然的向左看？

● 找出你運用「捷徑式思考」做出的正確行為！

12

「捷徑式思考」也常常出錯！

★雖說直覺大多是對的⋯⋯

過馬路時，你會先看右邊還是左邊？相信各位都習慣先看左邊，因為臺灣的汽車靠右行駛，對行人來說，汽車一定是從左邊過來。

基本上多數人都怕麻煩，不會每次都先在腦中想好「應該看右邊或左邊」，而是應用過去的經驗，憑直覺決定「先看左邊」。無須太深入思考，一秒就能做出正確判斷。「捷徑式思考」就是基於經驗，憑直覺迅速做出判斷。

如右頁所示，捷徑式思考又可以分成幾個類型。依捷徑式思考做出的判斷大致是對的，但並非總是都正確。

舉例來說，臺灣人到了日本，可能沒多想就依照經驗法則，過馬路時先看左邊，當看到「左邊沒車很安全」就繼續往前走，而此時很可能會遭遇危險。因為日本汽車靠左行駛，車輛是從行人的右邊過來。所以說，依照經驗快速做出的判斷並非絕對正確。有鑑於此，很多時候最好不要太相信直覺，保持質疑自己的態度，可以避免一些錯誤。

「捷徑式思考」有三種類型

《代表性捷思法》（Representativeness Heuristic）
人們對事物有自己的印象，認為「這件事應該是這樣」、「那個狀況很常見」，傾向於依自己的既定印象做出判斷。

例❶ 看到乘坐外國車的人就認為是「有錢人」→ 或許他坐的是便宜的二手車，並非有錢人。

例❷ 看到白人就認為「一定會說英語」→ 對方可能只會說法語或波蘭語，不是所有的白人都說英語。

《可得性捷思法》（Availability Heuristic）
人們傾向僅依據自己立即想到的知識、資訊，或腦中印象深刻的訊息來做判斷。

例❶ 覺得外國人犯罪的事件愈來愈多→ 實際上數量是減少的，只因為看到幾則新聞報導就覺得愈來愈多。

例❷ 覺得經濟學很難→ 因為大家都說「很難」，所以自己也覺得難。

《定錨與調整捷思法》（Anchoring and Adjustment Heuristic）
人們會以第一個看到的數字或條件為基準，在做判斷時不知不覺受到影響。

例❶ 店家牌子上寫著「一人最多買兩個」，原本只打算買一個，看到牌子之後就忍不住想買兩個→ 如果沒看到「一人最多買兩個」的牌子，並不會想要買兩個。

例❷ 晨間新聞的占卜運勢單元提到「今天可能會遇到命中注定之人」，於是將今天偶遇的人都當成真命天子／女→ 如果沒看晨間新聞，就不會將今天遇到的人當成真命天子／女。

> 「捷徑式思考」聽起來有點深，其實關鍵點就是「直覺」有時也可能犯錯。

? 一 起 來 思 考

● 你的「既有印象」是不是也曾經出錯？
● 直覺正確與錯誤的比例，何者較多？

「實驗」＋「經濟學」＝「實驗經濟學」，
究竟是什麼？

顧名思義，實驗經濟學是會進行實驗的經濟學，研究經濟學也需要做實驗嗎？

過去經濟學以行為完全合乎邏輯的完美人類為描述對象，但這樣的人根本就不存在，關於這一點前面已經說明過。即使一項理論再怎麼精妙，只要人類沒有依照理論採取行動，這項理論就沒有任何意義，對世界也沒有幫助。

有鑑於此，實驗經濟學設計許多實驗，反覆驗證經濟學的理論和想法，是不是「現實可行的理論」，解開「人類是不是會按照理論來採取行動」之謎。

事實上，在第 30 頁與第 32 頁曾出現的問題是實驗經濟學十分著名的案例，稱為「最後通牒賽局」（Ultimatum Game）、「獨裁者賽局」（Dictator Game）。

和行為經濟學一樣，研究實驗經濟學的學者也有好幾位得到諾貝爾經濟學獎的肯定。這幾年，實驗經濟學也結合行為經濟學、心理學和神經科學等，進行各種研究，成為受到各界矚目的學術領域。

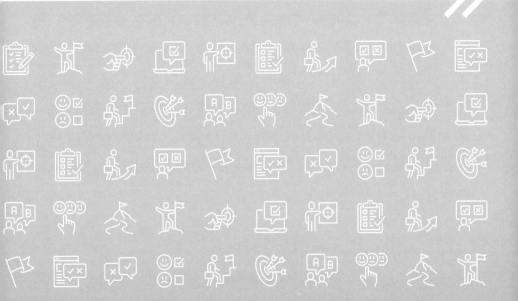

第 4 章

了解

思考習慣中的

「偏見」

令人失去理性的「偏見」
是指什麼？

★人類的思考習慣中存有「偏見」。

英文的 bias 有「傾向」、「先入為主的觀念」的意思，簡單來說就是「偏見」。

即使你希望自己「做事不帶偏見」，往往還是會陷入各種偏見之中，做事時被毫無根據的偏誤或先入為主的觀念影響，導致做出不合理的判斷和決定。

舉個例子，剛開始放暑假時，你可能下定決心要「按照計畫寫作業」，最後卻陷入了「規畫謬誤」（P.74）的偏見之中。

在第 3 章介紹捷徑式思考時也提過，光靠直覺來判斷，有時可能會出錯，這也是受偏見的影響。如果你希望做出合理的決定，就得知道人性中存在著哪些偏見，而且了解自身有哪些偏見，來幫助自己排除那些「先入為主的觀念」，做出理性的決策。第 4 章將為大家說明具有代表性的各種偏見，或許你會發現一些「我也這樣想過！」以及「我之前的失敗是因為這個觀念啊！」的情況。

人們容易陷入的各種偏見！

》當下偏誤　→第64頁
人們傾向於追求眼前所見的利益。

》現狀偏誤　→第66頁
人們的天性怕麻煩，與其嘗試新事物，不如「維持現狀」比較好。

》確認偏誤　→第68頁
人們希望自己受到肯定，因此傾向於收集對自己有利的資訊。

》從眾偏誤　→第70頁
和大家都一樣時，就覺得很安心。

》稀少性原則　→第72頁
對於難以獲得的東西，會覺得它很珍貴，有更高的價值。

》規畫謬誤　→第74頁
做規畫時總是過於樂觀。

》定錨效應　→第76頁
將自己曾經看過的資訊當成基準，影響後續的判斷。

這裡介紹的偏見是大家容易陷入的「主觀印象」和「誤解」，這些只是其中一部分，各位不妨查詢看看，還有哪些類型的偏見吧！

》極端趨避　→第78頁
人們傾向選擇「中間的選項」。

》沉沒成本效應　→第80頁
捨不得中途放棄花費了金錢或時間做的事情。

》框架效應　→第82頁
同一句話用不同的說法，給人的印象就不一樣。

》原賦效應　→第84頁
捨不得放棄自己擁有的東西或環境。

「當下偏誤」使人著重在當下的利益，拖延長遠利益

★無法抗拒眼前的誘惑是理所當然的嗎？

「我想把零用錢存下來買 iPhone」——存錢的動機是想買手機，可是在存夠錢之前，看到了喜歡的文具和漫畫，忍不住就買了……你有類似這樣的經驗嗎？

心裡想著「等存夠錢買 iPhone 要好久」，於是一直拖延買 iPhone 的目標，不禁買了當下想要的東西，等到錢花掉之後，才開始後悔，暗暗發誓「我絕對不再亂花零用錢」，但過沒兩天又重複同樣的錯誤。或許你也不想犯錯，但這是沒有辦法的事情，因為人們有一種「當下偏誤」（Present Bias）的思考習慣，比起未來的大利益，我們往往無法抗拒眼前的蠅頭小利，總是被它牽著走。

接下來問各位一個問題，請回答你會選擇哪一個。① 現在立刻就拿到 1000 元。② 一年後再拿到 1500 元。

將 1000 元存在銀行裡，一年的利息大約只有 10 幾元，如果只要等一年，就能多拿到 500 元，當然選②比較划算。明知如此，多數人還是希望能馬上就拿到錢而選①。照理來說，等一年比較有利，但人們卻不想花時間等，選擇了眼前的小利。

什麼是「當下偏誤」？

當下偏誤

比起「未來的大利益」，
人們傾向優先選擇「眼前的小利」，
這就是「當下偏誤」。

當下拿到眼前的利益時，可能
覺得自己賺到了，其實不一定
是賺，有時候反而是虧大了。

不受「當下偏誤」影響的應對方法

☑ 明白自己具有重視「現在」的心態。

☑ 比較「眼前的小利益」和「未來的大利益」，並好好思考。

☑ 習慣面對麻煩事，才能避免拖延真正的利益。

☑ 訂定罰則，當自己在「拖延」時就應採取對策懲罰自己。

☑ 遠離會讓自己拖延的原因。

一起來思考

● 你是不是曾經屈服於眼前的誘惑？

● 你做事的時候容易拖拖拉拉嗎？還是完全不拖延？

3

「現狀偏誤」使人認為維持現狀就很好

★一直安於現狀會讓自己落伍！

雖然智慧型手機十分方便好用，現在還是有少數人使用傳統的「功能型手機」，現在這個時代，堅持使用功能型手機的人有他們各自的原因，但也有人是認為「改用智慧型手機很麻煩」而遲遲未換。站在智慧型手機使用者的角度來看，智慧型手機非常方便，好處多多；但對於那些用慣功能型手機的人而言，重新學習智慧型手機的操作方法，確實是有點麻煩。

在這個世界上，隨時都有新產品和新服務問世，它們的功能更好，使用起來更方便，然而，如果我們因為「嫌麻煩」而不去使用它，是合理的決定嗎？

舉例來說，以前要匯款時，人們必須親自到銀行櫃檯辦理，現在，只要利用智慧型手機的應用程式，隨時隨地都能轉帳，甚至還有手續費優惠。儘管如此，還是有人會覺得這麼做很麻煩而不想改變，寧願花時間前往銀行，支付全額手續費辦理匯款。

雖然不是每樣新事物都值得我們投入，但如果抱著強烈的現狀偏誤（Status Quo Bias）心態不願改變，最終將會落後時代，不得不花費更多時間和金錢，過著不便利的生活。

什麼是「現狀偏誤」？

現狀偏誤

迴避改變和新事物，希望維持現狀的心態。
認為新事物帶來的變化會「破壞一直以來的穩定」，
因此極力維持在目前的狀態。

> 我的爺爺到今天都還在使用功能型手機，我跟他說「智慧型手機比較方便」，他還是不願意接受，或許就是受到「現狀偏誤」的影響。

不受「現狀偏誤」影響的應對方法

- ☑ 傾聽別人的意見。

- ☑ 試著計算，如果一直維持現狀，會遭受多少損失。

- ☑ 要能明白，如果不接觸新事物就無法進步。

- ☑ 覺得事情很麻煩時，問問自己「去嘗試一下是否會更好」。

- ☑ 多多思考「維持現狀就滿足了嗎？」、「是不是還有更好的方法？」

一起來思考

- 你是不是會因為「嫌麻煩」而不想改變，或拖延改變的時間？
- 如果你希望維持現狀，你認為這樣的情況比較好嗎？

4

「確認偏誤」使人傾向接收符合自己信念的資訊

★許多人都不希望自己相信的事情遭到否定。

假設你現在長大了，有一個喜歡的對象。如果你的朋友談論著對方的好話，聽到之後，你可能會心想「我的眼光果然沒錯」；但是，要是朋友說了壞話，你往往「不相信」朋友說的話。

像這樣只聽自己喜歡的話，而忽略不中聽的言論，稱為「確認偏誤」（Confirmation Bias）。當自己相信的事情遭到否定，一般人通常是不太開心。然而，如果你對反面的意見視而不見，就無法根據事實做出正確的判斷。聰明的人會傾聽反對聲音，質疑自己聽到的消息是否正確，他們會實際調查，聽取他人不同的意見，釐清自己的疑問，以確保不受錯誤言論或偏見的影響。

愈早知道壞消息，就能愈早解決問題。像是早一點知道自己喜歡的對象品性不好，能避免遇人不淑，提早在結婚前分手；如果你刻意忽視對方的負面消息，決定跟對方結婚，後果可能會不堪設想。只相信好消息，不聽壞消息，遲遲不接受真相，最後可能讓問題變得更嚴重。

什麼是「確認偏誤」？

確認偏誤

只收集對自己有利的資訊，
那些否定自己想法的資訊或壞消息
全都不管不聽，不願意去面對的心態。

> 總覺得聽到壞消息的感覺很恐怖，所以我們一直逃避。可是每次只要一逃避，最後通常會出現問題或是招致責備。

不受「確認偏誤」影響的應對方法

☑ 明白自己存有「確認偏誤」的心態。

☑ 試著質疑自己的想法是不是正確。

☑ 告訴自己不要逃避或忽視壞消息，這麼做才對自己有利。

☑ 釐清自己先入為主的觀念或相信的事情，是不是有確切根據。

☑ 請教率直說出反對意見的第三人，聽聽他們的意見。

一 起 來 思 考

● 你有過只聽取對自己有利消息的經驗嗎？

● 你是否曾經覺得，如果能早一點知道對自己不利的消息就好了？

5

「從眾偏誤」使人想跟其他人做一樣的事

★和別人一樣會感到安心，但這不一定是對的。

　　假如你肚子餓了想要吃拉麵，正在路上尋找拉麵店，看到了兩間相鄰的店家，其中一間店客滿，而另一間店裡的客人只坐了一半。

　　這時你可能會想「客滿的那間店一定比較好吃，我決定吃這家」。你之所以會這麼想，是因為你認為跟多數人做一樣的事情準沒錯，覺得心安，這種心態就稱為「從眾偏誤」（Conformity Bias）。

　　和大家做一樣的事並不代表就是正確的。你不知道那間客滿店家的拉麵味道如何，而說不定半滿的拉麵店之前也是客滿的，只是剛好有一群十人左右的大學生沒辦法在這家店吃麵，才走進隔壁店家，變成你看到的客滿景象。

　　在學校上課時，老師要你們舉手回答問題，如果你正要舉手，然後看看周遭同學都沒有人舉手，你是不是會覺得不安，想把手放下來呢？這些行為是受到「從眾偏誤」的影響。話說回來，你有過這樣的經驗嗎？大多數人都舉手贊成的答案卻是錯的。這表明了，跟大家一樣不見得就是對的。

什麼是「從眾偏誤」？

從眾偏誤

不知道該怎麼做的時候，就想跟其他人一樣，
覺得這樣做比較安心，也是正確的決定。

> 不管多有自信心，只有我一個人與眾不同
> 的時候，會覺得有點不安；當我看到大家
> 都舉手，也會馬上跟著一起舉手……

不受「從眾偏誤」影響的應對方法

- ☑ 了解自己存在一種「想跟大家一樣」的心態。

- ☑ 理解到跟大家做一樣的事，不見得總是對的。

- ☑ 對自己有信心，不要受到周遭的影響而改變自己的想法。

- ☑ 自己要有一套標準，不因「周圍的人都那樣」而受到動搖。

- ☑ 勇於去做自己覺得正確的事。

一 起 來 思 考

- 你是不是曾經因為「大家都這樣」而放心跟著
  做，結果卻違規的經驗？

- 從眾偏誤對於促進「團體的協調性」有幫助嗎？

6

「稀少性原則」使人渴望擁有難以到手的東西

★限定商品之所以吸引人是有原因的。

在日本，珍珠奶茶（以下簡稱珍奶）正流行的時候，有很多人花了好幾個小時排隊去買，後來因為珍奶飲料店迅速擴張，使得珍奶不再一杯難求，現在已經看不到大排長龍的景象了。

這並非是所有人突然都不喜歡珍奶。當初花大把時間排隊的人，可能是認為「珍奶很好喝，排多久都值得」；但同樣一批人，現在也改變了心意，覺得「不想再花好幾個小時去排隊了」。

人們有一種心理，總是覺得難以到手的東西才顯得更珍貴。稱為「稀少性原則」（Principle of Scarcity）。一聽到「限量」、「期間限定」就蠢蠢欲動，想要馬上去買，這種反應正是受到「稀少性原則」的影響。珍奶確實很好喝，又因為剛開始流行時「很難買到」，讓大家更想喝，才會那麼受歡迎。

商店裡面經常會出現「限定」二字，這個字詞凸顯了「稀少性」，可以讓本來沒什麼人想要的平凡商品，搖身一變成為人人搶著買的珍品。稀少性是店家常用的宣傳策略，容易受這類宣傳策略吸引的人，很可能會浪費大筆金錢，一定要特別小心。

什麼是「稀少性原則」？

稀少性原則

覺得難以到手的東西更顯珍貴的心理。

> 我媽媽一看到「限定」兩字就無法抵抗，買了好多東西。其中還有買了之後很後悔或是根本沒用過的商品，要怎麼做才能改善呢⋯⋯。

不受「稀少性原則」影響的應對方法

- ☑ 理解自己具有難以抗拒「稀少性」的誘惑的本質。

- ☑ 冷靜思考吸引你的是稀少性，還是商品本身。

- ☑ 看到想要的東西不要立刻買，花一點時間思考，確定是不是真的想要。

- ☑ 看到「限定」、「稀有」、「僅剩不多」等字眼時，回想一下在此之前的心情。

- ☑ 回想之前浪費錢的消費行為，將過去的失敗做為借鏡。

一起來思考

- 你是不是曾經看到「限定商品」就很想買？
- 你是不是曾經因為很稀有而買下某樣商品，買了之後又沒興趣了？

7

「規畫謬誤」
使人在做規畫時過度樂觀

★自己的預估是不是經常落空？

我們在做某件事時，一般會先預估「大概什麼時候能做完」，不過，你是否經常無法按照預定計畫順利完成事情？我相信有些人正在煩惱「為什麼事情總是不如預期」。

像是暑假作業就是一個典型的例子。隨著暑假臨進尾聲，許多人開始後悔自己沒有照進度寫作業，於是在內心暗暗發誓「明年我一定要按照計畫完成暑假作業」——相信有這種經驗的人應該不少。儘管如此，到了第二年暑假，卻故態復萌，開始覺得「反正暑假這麼長，不用急著寫作業」，最後，重現跟去年一樣的結果。像這種過度樂觀的預測或是計畫，就是「規畫謬誤」（Planning Fallacy），人們在建立計畫、安排進度時，傾向以理想狀態當做準則。

為了避免這種情況，請你要意識到自己總是因為「規畫謬誤」而導致計畫失敗，然後，回顧過去的自己，好好想想究竟是如何造成失敗。「原本預估三天就能做完，但最後總是花上兩倍的時間，要六天才真正完成。」像這樣認真的思考，想出最適合的解決方法，避免重蹈覆轍。

什麼是「規畫謬誤」？

規畫謬誤

儘管經歷過沒有按照預期進行的失敗經驗，
但是在制定新計畫時，又開始過度樂觀。

> 原來每次我暑假作業都要寫到最後一刻，是因為「規畫謬誤」的關係啊！看來我不能過於相信自己，擬定計畫時必須預留多一點時間。

不受「規畫謬誤」影響的應對方法

☑ 承認自己容易陷入「規畫謬誤」。

☑ 實際測量自己做某件事時花了多少時間，再對照自己所預估的時間。

☑ 有時候會遇到狀況不佳的日子，訂定計畫時不要以順利進行為前提。

☑ 事先認定「事情無法按照計畫進行」，預留多一點時間備用。

☑ 請別人幫忙確認這件事是否能按照計畫順利進行。

一起來思考

● 你覺得自己容易犯下「規畫謬誤」嗎？

● 你做事時，是否幾乎沒有提早完成的情況？

8

「定錨效應」使人容易受到第一眼看見的數字影響

★店家善於利用「折扣」策略促使消費者掏錢!?

逛服飾店的時候，看到衣服標價從「5000 元」改成「330 元」，你心中覺得很便宜，很想直接買下來；不過，如果衣服標價直接寫著「330 元」，你還會有同樣的感覺嗎？從「5000 元」降價成「330 元」的價格比較吸引人吧？因為人容易被第一個看到的數字「5000 元」影響而產生不同印象，這就是「定錨效應」（Anchoring Effect）。

這樣的銷售策略常見於電視購物頻道，主持人明明可以直接說這項商品賣「1 萬元」，卻要詳細解釋「這項商品的原價 2 萬元，在這檔節目降價到 1 萬 5000 元，而且凡是在接下來一個小時內訂購成功的會員，再折價 5000 元。也就是說，現在買只要 1 萬元！」——這是運用定錨效應最常見的手法。雖然消費者在訂購當下覺得很划算，但不久之後就會感到後悔，這是因為購買者並非真的想要才買，而是受到「折扣」誘惑忍不住訂購。定錨效應是與「定錨與調整捷思法」（P.59）密切相關的一種偏見，只要實踐右頁的應對方法，就能減少事後懊悔的衝動購物行為。

什麼是「定錨效應」？

定錨效應

最開始看到的資訊或數字
會成為「定錨」的標準，影響後來的判斷。

> 我媽媽總是說「這個很便宜就買了」，原來是受到店家的「定錨效應」促銷策略影響……

不受「定錨效應」影響的應對方法

☑ 了解自己很容易受到第一個看到的提示影響，成為之後的判斷標準。

☑ 想想看，假如沒有最初的標準，你會如何判斷。

☑ 感到猶豫時，不要急於當場做決定，先冷靜下來思考。

☑ 如果有時間，研究調查最初看到的那個標準的合理性。

☑ 訓練自己根據個人認為的合理標準來判斷事物。

一 起 來 思 考

- 你是否曾經受到折扣吸引而決定購買東西？
- 無論價錢多便宜，你覺得買下不需要的東西是理性的行為嗎？

9

「極端趨避」
使人想選中間選項

★ 即使是同樣金額，感受也不一樣？

　　假設你去壽司店吃午餐，菜單上只有兩種選擇，分別是高級套餐 390 元和平價套餐 320 元，你會選哪一道？如果有三種選項，分別是松套餐 460 元、竹套餐 390 元、梅套餐 320 元，你會選哪一道？多數人在只有兩個選項時，覺得「390 元」很貴，進而選擇「320 元」；但是有三個選項時，看到「390 元」反而不覺得貴，認為這是「合理價格」，最後選了「390 元」。出現三個選項時，我們通常會選中間的選項，這種心理傾向稱為「極端趨避」（Extremeness Aversion），在日本也叫「松竹梅法則」。像第 12 頁的壽司店例子，選擇中間「竹套餐」的人，就是受到「極端趨避」的影響。

　　很微妙的是，當選項數量改變，同一個項目，人們原本覺得「貴」的標價瞬間就變得「便宜」了。這是因為我們通常「不想支付最貴的金額」，又覺得「最便宜的無法滿足自己」，不希望自己吃虧。店家就是利用這個心理，設計三種套餐的菜單，讓消費者選擇中間選項。事實上，即使你覺得是根據自己的標準做出的決定，很可能也是受到了對方策略的影響。

什麼是「極端趨避」？

極端趨避

出現三個以上的選項時，
人們通常會選中間的選項。

沒錯，我也想選中間那一個，以後我要
避免受到「極端趨避」的影響，選擇自
己真正想吃的餐點和想要的東西。

不受「極端趨避」影響的應對方法

☑ 意識到自己有「極端趨避」的傾向。

☑ 仔細思考自己真正想要什麼。

☑ 不要覺得「選擇最便宜的東西，別人會認為自己小氣」，拋開
虛榮心，不在乎他人眼光，選擇自己真正想要的。

☑ 假設只有最便宜的選項，思考自己是不是這樣就滿足了。

☑ 當最貴的選項之價格高得離譜，很可能是店家的行銷策略，要
你選中間那一個。

一起來思考

● 過去是不是曾經下意識的選擇中間的選項？

● 你是不是曾經其實想要選最貴或是最便宜的，結
果卻選了價格居中的選項？

10

「沉沒成本效應」
使人想停卻停不下來？

★熱衷社群遊戲的人最容易陷入這個偏見！

　　玩手機社群遊戲的人通常都是從免費開始玩起，後來為了玩得更順利，開始砸錢購買道具或人物角色，想要買齊所有資源，這種消費模式稱為「課金抽卡」。

　　不過，即使抽了卡，想要的資源也不會立刻抽到，結果就讓人一直不斷花錢抽卡，直到達成目的為止。簡單來說，一旦開始課金，玩家就很難戒掉遊戲，因為玩家認為「我花了這麼多錢（成本），不玩下去太可惜了」。

　　人們之所以會沉迷社群遊戲，和「沉沒成本效應」（Sunk Cost Effect）脫不了關係。沉沒成本效應指的是因為不想白費已付出的金錢、精力和時間，即使知道繼續下去會吃虧，仍然選擇不退出，或做出錯誤的決定。這就是課金愈多的遊戲，愈讓人無法脫身的原因。

　　有些人花了零用錢買到無聊漫畫時，會硬著頭皮把它看完。然而，看完一本難看的書不是在浪費時間嗎？而那些認為「這本漫畫既然不好看，就別再浪費時間看完」的人，可能是比較理性的人。

什麼是「沉沒成本效應」？

沉沒成本效應

不想白費過去付出的成本（金錢和時間），
因而無法做出合理的判斷。

基於之前付出那麼多成本，因為不想白費
而無法放棄的行為。老實說，我可以理解
陷入「沉沒成本效應」的人的內心感受。

不受「沉沒成本效應」影響的應對方法

☑ 理解自己也會受到「沉沒成本效應」的影響。

☑ 不論過去付出的成本有多少，都要思考是否繼續下去或退出。

☑ 事先訂好付出的金錢和時間的上限。

☑ 冷靜計算如果再持續下去，會虧損到什麼程度。

☑ 承認已經付出的成本「不可挽回」。

一 起 來 思 考

● 去吃到飽的餐廳時，會想吃夠本嗎？為什麼有這
　樣的想法？

● 每當排隊時你會堅持到最後，不會排到一半中途
　退出嗎？

11

「框架效應」使人對同一件事產生不同反應

在網路上經常可以看到「95% 的訂購者有效！」這樣的宣傳廣告，這句話其實跟「5% 的訂購者無效！」是同樣的意思，但是後者卻很少見，因為這麼說無法吸引消費者。

「月費 300 元」和「年費 3600 元」的意思是一樣的，全年支付的金額相同，只是說法不同，但「月費 300 元」就給人感覺負擔較小。

假如你考試考了 90 分，你可能不會跟爸媽說「我差 10 分就滿分」，而是直接說「我考了 90 分」，這樣給人的印象比較好。

即使兩句話是同一個意思，但是從不同的角度切入，會給人不同的感受。兩篇意義相同的文章，也會因為強調的部分不一樣，讀者讀起來的感受也不一樣，而影響後續採取的行動。

只是改變表現方式，就能令人留下不同的印象，這就是「框架效應」（Framing Effect）。也就是說，利用不同的表現來傳達相同的意思時，可能會讓同一個人做出「買」或「不買」，「做」或「不做」兩種不同的決定。

什麼是「框架效應」？

框架效應

以不同的方式表現相同的內容，
會改變一個人心中的印象，
進而影響他的決定。

> 莫非電視購物都是利用「框架效應」，
> 引起觀眾打電話訂購的衝動？以後看購
> 物頻道時得小心才行。

不受「框架效應」影響的應對方法

☑ 了解「框架效應」會改變一個人對事物的印象。

☑ 養成習慣，從不同角度檢視自己看到或聽到的事物。

☑ 根據「損失規避」（P.54），思考「框架效應」。

☑ 看到誇大的廣告詞，要質疑是不是應用「框架效應」操縱消費者印象。

☑ 0.2公斤和200公克是同樣的意思，給人的印象卻不同，因此要仔細看清楚數字，免得落入陷阱。

一 起 來 思 考

● 找找看在日常生活中使用「框架效應」的例子。

● 遇到對自己不利的狀況，你會用「框架效應」來找藉口嗎？

12

「原賦效應」使人覺得
自己的物品價值較高

★人們一旦擁有某項事物，就無法輕易捨棄嗎？

　　你的家人中有人是這樣的嗎？常常碎念「家裡東西太多，我要執行斷捨離，讓家裡清爽一點」，然後一直觀看跟「整理」有關的 YouTube 影片？斷捨離指的是「捨棄不必要的東西，去除對物品的執著心，重拾輕鬆愉快的生活與人生」的觀念。可惜許多人受到「原賦效應」（Endowment Effect）的強烈影響，做不到這一點。

　　原賦效應指的是「當一個人擁有某項物品或資產時，對其評估的價值會大於未擁有這項物品或資產的時候，因此捨不得放手」的心理。如第 24 頁介紹的內容，人們捨不得丟掉不再穿的昂貴衣服，就是受到原賦效應的影響。

　　假如你有一輛超過一年沒騎的獨輪車，總覺得「可能還會再騎」而捨不得處理掉，但是如果是朋友身上的情況，你往往會對朋友說：「既然不騎就處理掉它吧！」之所以如此，是因為你心中覺得自己的獨輪車比朋友的獨輪車更有價值。

　　人們通常有這種傾向：一旦擁有某樣東西，即使已經不再需要它，心裡還是捨不得拋棄。

什麼是「原賦效應」？

原賦效應

當自己擁有某項物品時，
對它的價值評估高於並未擁有的時候。

> 不瞞各位，老師也捨不得丟掉
> 沒在用的物品，而且這些東西
> 留著通常還是不會再用……

不受「原賦效應」影響的應對方法

☑ 意識到自己捨不得丟東西是受到「原賦效應」的影響。

☑ 對於現在沒有的物品，仔細思考自己是不是真的想要。

☑ 對於自己所擁有的物品，想想看別人會如何判斷它的價值。

☑ 一段時間沒使用的物品，考慮是否已經不需要了。

☑ 思考自己捨不得丟掉的物品，未來如何派上用場。

一起來思考

● 家裡是不是也有一些已經好幾年沒使用，卻還是
沒被丟棄的東西？

● 你認為那些東西將來還用得到嗎？

世界和社會就是進行經濟學實驗的場所！？

　　經濟學家經常思考各種事情，提出各式各樣的理論，不過，由於人類的行為不會完全符合經濟學提出的假設，即使按照經濟學理論來改變社會制度，我們也無法確定社會的經濟究竟會變得更好，還是變得更差。

　　行為經濟學便是為了彌補現實跟理想的差距而誕生的，但行為經濟學仍無法解決所有的問題。

　　於是現在出現實驗經濟學（P.60）這門領域。這並不像研究化學一樣會待在一間實驗室裡做實驗，所做的實驗也不會直接在眼前發生化學反應，一眼看出結果。

　　例如：如果我們想要從經濟學的角度，透過實驗來證明「大量的外國人移民臺灣後，會導致臺灣人薪水下降」的假設，該怎麼進行呢？我們不可能將大量移民臺灣的外國人，全都邀請到實驗室裡。

　　這時要用的方法是「田野實驗」，我們把現實的社會當成實驗場所，觀察場所裡發生的事情，它的原因跟結果；考量不同事情之間的因果關係，並比較某些條件存在與否，對於這些事情的影響。

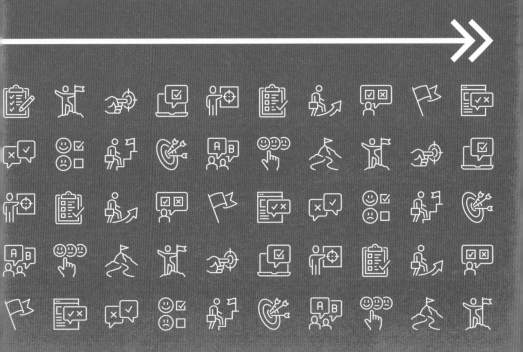

引導人心的

「輕推理論」

榮獲諾貝爾獎的 「輕推理論」是什麼？

★「輕推理論」讓人自然而然做好事！

「輕推」的英文是 Nudge，有「用手肘輕推」、「從背後推一把」之意。舉例來說，假設你的同學看到了心儀對象，舉止顯得害羞扭捏，這時，你違背同學的意願，強行把同學帶到對方面前，這麼做並不算是「輕推」；正確的方式是輕輕推一下同學的背，鼓勵他去跟對方說話。

「輕推理論」（Nudge Theory）是行為經濟學的觀點之一。簡單來說，它以自然的引導方式讓人們的行為往更好的方向進行，就像是用手肘輕推或是從背後推一把一樣。

提倡輕推理論的理察・塞勒在 2017 年榮獲諾貝爾經濟學獎，在第 5 章中將為各位解說受到諾貝爾獎肯定的「輕推理論」。

> **再多知道一點！**
>
> **自由家長主義（Libertarian Paternalism）**
> 不強迫控制個人行為和選擇的自由，自然引導出「更好的結果」，是輕推理論的基本概念。由行為經濟學家理察・塞勒以及法律學者凱斯・桑斯坦（Cass R. Sunstein）共同提倡。

認識「輕推理論」

輕推理論

不用強迫的手段，而是利用像手肘輕推般的方法，自然的推動人們的行為走向更好的方向，是行為經濟學的理論之一。

輕推理論的提倡者

理察・塞勒 Richard H. Thaler
（1945年9月12日－）

美國人，美國芝加哥大學商學院教授，他的「輕推理論」研究對於行為經濟學的發展貢獻卓著，備受肯定，於2017年榮獲諾貝爾經濟學獎。

諾貝爾經濟學獎聽起來好像內容很艱澀，但我接下來會仔細說明，讓大家也能理解。

不知道我能不能聽懂，但我會努力了解！

一起來思考

- 你很討厭別人強迫你做事嗎？
- 你的家人曾經強迫你做什麼事情嗎？他們會默默用手肘輕推或是從背後推一把嗎？

2017, Bengt Nyman, Richard H. Thaler EM1B8783

輕推理論的重要因素「EAST」

★輕推理論有四個重要因素！

在詳細說明之前，先為各位介紹輕推理論的四大要素：

- 便利性（Easy）……人們傾向選擇簡單輕鬆的行為
- 吸引力（Attractive）……人們會選擇具有吸引力的事物
- 社會性（Social）……人們會受到社會規則影響
- 即時性（Timely）……人們會對即時發生的事情產生反應

擷取四個英文單字的第一個字母，縮寫為「EAST」。順帶一提，EAST 在英文是「東方」的意思。

後面的篇章將會詳細解釋這四大要素。掌握好 EAST 四個要素，就能發揮如「用手肘輕推」、「從背後推一把」的效果，改變人們的行為。

輕推理論運用在世界各個角落，引導人們的行為往更好的方向走。舉例來說，當車站裡面畫了線，買票和等車的民眾就會自然而然沿著線規矩的排隊，避免超出線外。這條線發揮了「從背後推一把」的效果，讓所有人能乖乖排隊，這就是典型的「輕推理論」案例。

什麼是輕推理論的「EAST」？

E asy
（→P.92）
➤ 便利性

多數人都怕麻煩，
會傾向選擇簡單
輕鬆的行為！

A ttractive
（→P.94）
➤ 吸引力

人們會傾向選擇做
吸引自己的行為！

S ocial
（→P.96）
➤ 社會性

大部分的人很在意社會
秩序與他人眼光，
想跟別人做一樣的事！

T imely
（→P.98）
➤ 即時性

人們的行為會因時機
而改變！

一 起 來 思 考

- 找看看校園內是不是也有「輕推理論」的例子，
  引導大家做出更好的行為。

3

一起來看輕推理論的「E」範例

★人們傾向簡單明瞭的做出決定。

大家每天都在做各式各樣的決定，像是「今天回家後要立刻寫作業嗎？」、「今天要找誰一起玩呢？」

假設今天你回家後，家人問你「今晚想吃什麼？請從這 15 道餐點選擇。」你一定會嚇一大跳，「咦？竟然有 15 種，好麻煩啊！」的確，從諸多選項中選出一個的行為，實在挺麻煩。

如果在這 15 道餐點中，只有炒飯被標註為「今日推薦」，即使你原本想吃西餐，可能也會因此決定「就吃推薦的餐點吧」，除非你本身非常不想吃炒飯。「推薦」這個詞語發揮了「從背後推一把」的效果，讓你選擇晚餐吃炒飯。

簡化麻煩的決策過程，引導人們輕鬆的選擇特定選項，就是輕推理論的「E」的典型方法之一。

這個例子背後的原因，可能是家人不想做費時費工的料理，於是「推薦」容易做的炒飯，引導你選擇吃「炒飯」就好。如果換成你來做晚餐，不妨用同樣的方法在背後推一把，引導家人選擇那些不用太費力製作的餐點。

人在做選擇時，一般傾向選擇「簡單」事物

Easy

便利性

> 人都怕麻煩，傾向選擇簡單輕鬆的行為！

▶具體的例子◀

❶ 預設效應（Default Effect） 利用人們依循最初設定的心理傾向

- 許多人不會更改電器的初始設定，所以廠商從一開始就會設定成希望讓用戶去使用的功能。
- 希望被人選擇的事物，加上「推薦」兩字後，人們通常就會選它。

❷ 盡可能減少麻煩事 利用人們不想做麻煩事的心理傾向

- 事先畫好線，讓民眾不需考慮太多就可以沿著線排隊。
- 加上「推薦」兩字，讓難以做選擇的人直接下決定。

❸ 訊息單純化 當某件事情易於理解，執行起來並不費力，人們便會傾向去做這件事

- 不用文字，而是用箭頭圖案引導所有人往同一個方向前進。
- 將電源鍵等重要按鈕換成另外的明顯顏色，讓人更容易找到它按壓。

> 你是不是也有許多「別人從背後輕輕推你一把」的經驗？

一 起 來 思 考

- 過去是不是曾有過覺得麻煩而決定中途放棄的經驗？
- 如果你是被選擇的那一方，你會怎麼做？

4

一起來看輕推理論的 「A」範例

★人們自然的會去尋求吸引自己的事物。

　　EAST 的「A」是「吸引力」的意思。比起幫忙做家事或讀書，我相信你會更想打電玩和看 TikTok 吧！無論家人如何囑咐你要好好讀書，你就是會被自己感興趣的事物所吸引，這是無法改變的事實。

　　輕推理論是將世界帶往更好方向的方式。輕推理論的「A」簡單來說，是在人背後輕推一把，能讓人主動幫忙做家事或讀書，而非選擇打電玩、看 TikTok。

　　右頁照片中的樓梯，做成了鋼琴模樣，只要踩到鍵盤上就會發出聲音。平時認為「旁邊有電扶梯時誰要走樓梯」的人，發現這個情況，可能也會好奇「咦？樓梯會發出聲音嗎？」而不知不覺的捨棄坐電扶梯，改走旁邊的樓梯。善用輕推理論的吸引力，能讓人自然產生想走樓梯的念頭。

　　順帶一提，右頁照片中的樓梯位於墨西哥地下鐵車站，因為墨西哥的肥胖人口比例偏高，為了幫助民眾增加運動量，而有了這樣的巧思。人若愈肥胖，生病的機率也會增加，透過輕推理論的方式，可以引導世界朝更好的方向發展。

人總是忍不住去做「吸引自己」的事情

**A**ttractive

> 人們往往選擇對自己有吸引力的行為！

吸引力

▶具體的例子◀

❶ 吸引注意

利用感興趣就想做的心理傾向

● 為了讓民眾走樓梯，將樓梯設計成鋼琴，走在鍵盤上就會發出聲音。

● 設計一個丟進垃圾就會發出聲響的垃圾桶，讓人樂於將垃圾好好丟進垃圾桶。

❷ 感覺自己賺到了

準備有好處的事情，讓人覺得不做就「虧」了

● 對於因新冠病毒疫情而自我隔離不返鄉的人，送米和口罩給他們。

● 乘車時繫上安全帶就能觀看影片。

墨西哥的肥胖人口很多，因此在地下鐵車站設置鋼琴鍵盤樓梯，爬樓梯時會發出聲音，吸引更多民眾走樓梯。

？ 一 起 來 思 考

● 想想過去自己是不是曾經受到輕推理論的「A」引導！

● 如果做這件事有額外的好處，你會覺得不做就是「虧」了嗎？

5

一起來看輕推理論的 「S」範例

★人在採取行動時會在意他人眼光!?

著名的古希臘哲學家亞里斯多德曾說：「人類是社會性動物。」人類無法獨自生存，是群居的社會性動物，我們在生活中會在意他人的眼光和行為。我們不會穿睡衣上學，也不會在外面挖鼻孔，都是因為我們在意別人的看法。當大家都在收銀機前排隊等候結帳，你會覺得「大家都在排隊，如果我插隊就不好了」，於是走到隊伍的最後乖乖排隊。

不須特別告知，每個人都默默的遵守社會上的規則。因為人們意識到規則和別人的看法，選擇與多數人做相同行為，這就是輕推理論的「S」發揮的作用。

假如教室裡貼了一張海報，上面寫著「本班有 90% 的學生都按時交作業」，如果你屬於沒寫作業或遲交的學生之一，看到海報一定會覺得「什麼！原來大家都乖乖寫作業嗎？這下子不太妙啊……」。

輕推理論的「S」就是利用人具有在意他人眼光的天性，引導人們前往更好的、更正確的方向。

人們會想做出「和大家一樣」的行為

S ocial

社會性

> 人很在意社會秩序與他人眼光，想跟別人做同樣的事。

▶具體的例子◀

❶ 提出社會規則、慣例

利用個人行為會受到眾人行為影響的心理傾向

● 強調大部分的人已接種疫苗，鼓勵更多人施打疫苗。

● 大家都打招呼就能鼓勵更多人打招呼問候。

❷ 向周遭公開宣示

利用人們想守信用的心理傾向

● 向身邊的人說出自己的目標，督促自己採取行動。

● 將目標寫在記事本上，督促自己採取行動。

如果不想告訴別人，也可以將你想達成的目標寫在經常查看的日曆或筆記本上，督促自己採取行動實現目標。

一 起 來 思 考

● 你會不會在意別人的眼光？

● 當你發現自己做的事和其他人不一樣時，會想改變行動，和別人一樣嗎？

6

一起來看推輕理論的
「T」範例

★在不同的時機，人們會採取不同的行為。

人們會根據當下的狀況，做出跟平時不同的行為。平時不會做或是覺得麻煩而不想做的事，因為時機不同，反而可以輕鬆的去完成它，內心不會感到任何負擔。

舉個例子，假如家人突然要求你「設定一個一年後想完成的目標」，你一定會覺得「幹嘛突然要我設定目標？好煩人的話喔」；不過，如果是在過年的時候，家人這麼對你說，你反而會開始認真的想「該設定什麼目標才好」。是不是很奇妙，同一個人，在不同的時空背景，對同一件事竟然產生不同的反應。

目標可以隨時設定，所以應該無論在什麼時候思索都可以的。而大部分的人通常會在新的一年剛開始，或是新學期開始時來訂定新目標，例如 1 月 1 日或 9 月 1 日，而不是 8 月 12 日或 11 月 8 日等隨機的日期， 因為在重要時刻，人們更有動力設立目標。

人們的動機並不總是一致的。同一個人會在不同的時間點改變自己的行為，動機可能會增強或減弱，輕推理論的「T」就是利用對的時機來發揮作用。

人們傾向在「對的時機」採取行動

imely

即時性

人的行為會根據不同時間點而改變！

▶ 具體的例子 ◀

---

❶ 在適當的時機說

時機成熟時，人們更容易做想做的事。

● 趁著升上國中，向爸媽要求增加零用錢。

● 即使是平時不設定目標的人，也會在過年時許下新的願望。

❷ 利用當下偏誤（P.64）

只要立刻見效或立即有好處，人就會採取行動。

● 每天都量體重，避免當天又吃太多。

● 聽到老闆說「現在買就算你便宜一點」，就忍不住想買。

想減重的時候，不妨每天都量體重，看看體重是否增加，防止自己拖延節食。

🤔 一 起 來 思 考

● 你是不是有時覺得沒有動力去做，但當時機正好時，也可以做到？

● 看到成果立即產生時，你是不是會充滿動力？

7

不好的輕推變成 「淤泥效應」！

★世界上也有許多不好的輕推！

　　輕推指的是不強迫別人，而是運用如同以手肘輕推或從背後推一把的方式，幫助人們做出更好選擇。不過，如果是不良的應用，不但無法協助人們做出好的選擇或明智的決定，還可能引導大家走錯方向，這類「惡意的輕推」稱為「淤泥效應」（Sludge）。

　　其實網路世界就充滿了「淤泥效應」，許多網站強調「加入會員手續很簡單」，細心設計入會方法，簡化相關程序。但是不少網站不考慮會員退會的需求，設計出層層的關卡，甚至要求親自打電話才能辦理，會員入會之後想要退出真是難上加難。網站的策略是，不希望會員輕易就能退出，於是利用繁雜程序，讓會員覺得「退出太麻煩，繼續留下來算了……」，阻礙他們做出明智的決定。

　　當淤泥效應愈來愈多，將有愈來愈多人受到困擾，世界也會變得更糟糕。明白這點很重要，世界上不是只有善意的輕推，也有許多阻礙我們變好的「淤泥效應」。

什麼是惡意的輕推──「淤泥效應」？

淤泥效應

阻礙人們做出更好或更明智抉擇，惡意的輕推。

 「淤泥效應」可分為兩種：一種是「將人們帶往不好的方向」，另一個是「阻礙人們前往好的方向」。

▶具體的例子◀

將人們帶往不好的方向

在初始設定中「付費選項」已設定成勾選

➡ 不想使用付費功能的人一不小心也會被扣款。

阻塞水管的汙泥。

阻礙人們前往好的方向

退會手續十分複雜

➡ 退出會員的手續複雜，讓人放棄退出。

 確實，阻礙世界變好的淤泥效應，就像水管中的汙泥阻礙了水流！

一起來思考

- 想像一下設置淤泥效應的是什麼樣的人？
- 找出身邊「淤泥效應」的例子。

8

從輕推提升到「用力推」，前往更好的方向！

★刻意做出好的決定！

輕推理論不強迫人們選擇，而是透過像「用手肘輕推、從背後推一把」一樣，自然的促使人們做出更好的選擇，讓世界往更好的方向走。話說回來，如果可以幫助世界朝著更好的方向發展，我們不要只是輕推背部，也可以更加「用力推動」。以英文來說，就是 Boost（助力）。

助力和輕推一樣，都是對人們的思考和行為產生作用，但兩者有很大差異。輕推作用在「直覺式思考」，人們受到引導而「不知不覺的」做出更好的決定，並非有明確理由才這麼做。如果沒有輕推協助，當同樣的狀況再度發生時，同一個人很可能不會跟上次一樣做出更好的選擇。簡單來說，輕推沒有持續性，沒有輕推，大家就不會做出明智的決定，每次總是需要輕推的幫忙。

另一方面，助力作用在「理性思考」，幫助那些「不知不覺中」做出好選擇的人，出於「有確實的理由來做出適合的決定」，而不是「偶然」莫名的做出決定。

從「輕推」轉向「助力」

● 最有名的輕推理論案例之一是男廁裡的「蒼蠅貼紙」

女性可能沒看過，為了降低男廁地板的清潔成本，男廁的小便斗裡會貼上「蒼蠅貼紙」。這是利用「看到標靶就想瞄準」的習性，讓男生小便時對準目標。運用輕推理論，弄髒男廁地板的情況減少了。

 貼上貼紙後，真的會想對著蒼蠅尿尿呢！

為什麼要貼蒼蠅貼紙呢？大家知道原因嗎？

 應該是要讓大家上廁所時也覺得很好玩吧？

 這是為了減少尿在小便斗外弄髒地板的情形，所以運用輕推理論制定出的對策，即使人們不清楚蒼蠅貼紙的意義，也能自然的保持地板乾淨。

  原來是這樣啊！

人們知道原因之後，會想做得更完美，即使小便斗裡沒有「蒼蠅」，也會想好好尿在小便斗內，不弄髒地板，這就是鼓勵人們自發行動的「助力」。

一 起 來 思 考

● 當你注意到應用「輕推理論」的情況時，做事之前你會不會先思考原因再開始行動？

經濟學也能結合腦神經科學？——神經經濟學

　　行為經濟學是融合了「心理學」以及「經濟學」，從心理層面思考人類行為決策的學問。近年，還有一門新興學問「神經經濟學」登場，受到各界關注。

　　神經經濟學不僅從心理層面出發，還研究了大腦神經運作如何影響人類做決策。前面曾說過，行為經濟學想要解決傳統經濟學無法解釋的部分；而神經經濟學想解決的，甚至包括行為經濟學無法解釋的部分。具體來說，這是應用生理學的方法，觀察大腦不同區域的活動反應，來了解人類如何思考和做決策。例如：當人處於某些狀況下，主掌喜怒哀樂等情緒的「邊緣系統」會產生什麼反應？掌管理性思考的「前額葉皮質」是不是變得更活躍？這些腦區的變化如何影響人類的行為？

　　隨著科學技術的進步，人類可以進一步觀察大腦神經系統的運作機制，未來「神經經濟學」必定會愈來愈受到矚目。

在日常生活中

運用

行為經濟學

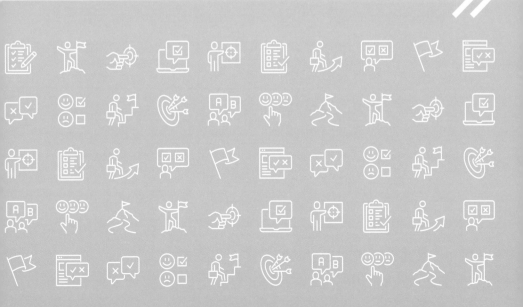

學會向爸媽要禮物的高明技巧！

★將「最想要的禮物」放中間選項，達成願望！

當爸爸媽媽問你「想要什麼生日禮物」時，你是不是也曾經考慮了很久？這時不妨利用人會迴避極端選項的心理，試著應用「松竹梅法則」（P.78）。

假如你希望爸媽送你新推出的中階智慧型手機（1萬元）當生日禮物，不妨提出三個選項，分別是「比中階智慧型手機貴一點的1萬5000元手機」、「真正想要的1萬元中階智慧型手機」，以及「特價款3000元智慧型手機」。

如果你要求1萬5000元手機，爸媽可能會生氣，認為「你只是個小孩，用1萬5000元的手機，太貴了」，很可能不想再聽你的解釋；如果你直接說出想要1萬元手機，可能也是同樣的反應。如果你想要改變爸媽的心意，可以善用「松竹梅法則」，提出三個選項，引導他們選擇介於中間的1萬元手機，達成你的目的。

雖然爸媽也有可能識破了你使出的「松竹梅法則」策略，然後順水推舟的說：「那就送你3000元的手機吧！」但這種情況下，還是值得試著運用行為經濟學的知識。

仔細想想怎麼做才能得到想要的禮物！

 你的生日快到了，想要什麼禮物？

 買一支1萬元的手機給我！

 太貴了吧！選個便宜一點的禮物！

 有沒有什麼好方法呢？

策略 利用「松竹梅法則」（P.78），把你「最想要的禮物」放在中間選項，說出來！

 我想要一支1萬5000元的新手機，也可以接受3000元的手機。不過，我真的很想有一支1萬元的手機。如果媽媽買給我，我一定會用功念書。

雖然不保證一定會成功，但如果「極端趨避」（P.78）發揮作用的話，說不定爸媽會答應買中間價位的1萬元手機給你喔！

 **一 起 來 思 考**

● 假如你要帶生日蛋糕參加同學的慶生會，你會買店裡面最貴的還是最便宜的蛋糕？還是會買中等價位的蛋糕？

2

增加零用錢大作戰！

★運用定錨效應就能事半功倍！

「增加零用錢」是很多小孩的心願，以前向爸媽提出要求卻碰壁的人，現在不妨運用行為經濟學的知識，說不定能達成你的願望。

假如你現在的零用錢是 500 元，你希望提高到 1000 元。這時可以多要一點，跟爸媽說你希望能增加到 1500 元，讓 1500 元成為錨，發揮「定錨效應」（P.76）。

如果爸媽一開始就同意你提出的金額，恭喜你，你很幸運。但是，我想你的爸媽應該不會那麼爽快就答應，通常他們會先說：「不行！」不管他們剛開始接不接受，你的策略是要讓爸媽加深對這個數字的印象，接著，慢慢從 1400 元開始往下調降。如果你一開始就要求將零用錢提高到 1000 元，爸媽很可能會一口回絕，但只要先丟出「1500 元」的錨，相較之下，爸媽可能就會覺得「1000 元是可以接受的數字」。

但要是你一開始就獅子大開口，提出「1 萬元」的離譜金額，爸媽可能會氣得痛罵你一頓，不接受你的要求了。

想一想，怎麼做才能增加零用錢！

我的零用錢只有500元，同學都比我多，下個月開始可以提高金額嗎？

我不能做出保證，你先說你想要多少？

我一定要爭取到自己想要的金額！有沒有什麼好方法呢？

策略

利用「定錨效應」（P.76），一開始先說一個比希望拿到的零用錢還高的數字，再慢慢降低額度。

我想要1500元！如果不行，1400元也可以。那……1300元？1200元！這樣好了，1000元！我已經降低很多了，就答應我嘛！

比起一開口就要求1000元，先說出一個高於1000元的金額，讓爸媽留下印象。接著，在逐步降低額度的過程中，爸媽可能就會改變心意，答應你的請求。

？ 一起來思考

● 以前跟爸媽要求提高零用錢時，曾經一開始就說出比內心希望的還要高的金額嗎？

3

不要落入店家設下的
消費陷阱！

★無論多便宜，購買不需要的東西就是虧損。

　　店家會利用行為經濟學的概念，設下許多消費陷阱，其中最常用的，是讓消費者覺得東西很便宜的策略。「下殺五折！」、「跳樓大拍賣最後一天！」、「只給你的特別優惠價！」──像這樣利用各種吸引人的促銷詞彙，讓消費者動心。

　　當你開始覺得有點心動時，建議各位一定要做一件事，那就是先問自己，假如從來沒看過也沒聽過這些促銷用語，你還會想買這項商品嗎？

　　如果是自己一直想買，卻因為價格昂貴而放棄的商品，趁著打折時期購買，會感到滿足，也不會後悔，這是合理的決定。但若是本來就不想買，只是被促銷手法吸引，覺得「東西很便宜，買到賺到」時，就要特別小心了。假設以 1000 元購買原價 1 萬元的商品，雖然打了九折，但如果這個東西你並不需要，就算價格再便宜，買下它都不算是「賺到」。我們不應該從「以 1000 元買到原價 1 萬元的商品」這個角度來思考，其實真正合乎邏輯的思考方式是，「花了 1000 元買下自己根本不想買，也不需要的東西」。

怎麼做才能不受店家的促銷手法影響，買下讓自己後悔的東西？

只要店家說「打折」、「特別優惠價」，我就會忍不住想買，但每次都覺得很後悔，不該浪費零用錢……

看到便宜就想買，應該是覺得很划算，「買到賺到」吧？

畢竟，我當時就是覺得賺到啊！我該怎麼做才好？

策略

看到「下殺五折」、「特別優惠價」等極具吸引力的宣傳用語時，請先冷靜下來，仔細思考「自己是不是真的想要」。

產生衝動購物的感覺時，先冷靜思考，好好判斷自己是不是真的需要。

無論多便宜，只要買了不需要的東西就是虧損，絕對不是賺到。很多存不了錢的人，都是因為覺得東西「很便宜、很划算」而亂買一通，最後把錢花光。

一 起 來 思 考

- 你曾經因為價格很便宜而買了自己不想要的東西嗎？
- 逛街時，可以仔細觀察店家用了哪些手法來引誘消費者購買。

4

想要存錢就先讓自己沒錢花！

★善用預設效應就能順利存錢！

　　不少人為了在隔年買到某樣東西，決定今年起好好存錢，可是過了好幾年，還是沒存到錢，因為錢在不知不覺間都花掉了。令人訝異的是，這些人明明存不了錢，卻一直覺得「自己有能力存錢」，最後一直重複同樣的錯誤，永遠也存不了錢。如果真的想要存錢，一定要做些改變。

　　輕推理論之一的「預設效應」（P.93）可以幫助這些人存下錢。假設爸媽每個月給你 1000 元零用錢，你希望每個月可以存500 元，但每次到了月底，剩下的錢都低於 500 元。這時不妨反向操作，請爸媽給零用錢時，先扣下 500 元幫你存起來，也就是事先說好條件（初始設定），這樣就能自動存下零用錢。

　　這個做法有個好處，就是當你發現零用錢不夠，想動用存款時，爸媽一定會制止甚至責備你，讓你一想到要面對這種情況就覺得麻煩，於是，想辦法靠自己手中僅有的錢過完這個月，結果你就真的存下錢了。我們只要巧妙運用預設效應，讓拿錢出來用變成一件麻煩的事情，就能順利存錢。

怎麼做才能成功存下錢？

我想存錢，但總是不知不覺把零用錢花光，我好希望年底有足夠錢可以買一部無人機喔！

想存錢卻把錢花光，真是太胡鬧了！你花錢很不理智，你沒聽過預設效應嗎？

那是什麼？我好像有聽過，只要善用預設效應就能存下錢嗎？

策略 ➤ 利用「預設效應」（P.93），事先從零用錢扣除一定額度。

我每個月的零用錢是1000元，我請媽媽幫我存500元，每個月只花500元，利用這個方法來存下錢！

利用初始設定的方式「每個月固定存一筆錢」，這是很棒的做法，也能訓練自己只靠剩下的錢度過一個月。

一起來思考

- 總是煩惱存不了錢的人，也許沒有想過，把每個月剩下的錢存起來？
- 如果存款變多，是否能發揮「原賦效應」？

5

打破害怕失敗的心理

★「維持現狀」看似可行，其實不然？

　　你是不是老是害怕自己會失敗，遲遲不敢去做自己真正想做的事？

　　如第 66 頁介紹的「現狀偏誤」，人們害怕新的變化、覺得學習新事物很麻煩，這都是很合理的反應。不過，要是受到現狀偏誤影響，就無法挑戰新事物，這是一件很危險的事情。

　　假如你是一名足球員，但你只想「維持現狀，讓自己保持在先發位置」，或是「不想在比賽中失誤，所以踢球時都很保守」，之後會發生什麼結果呢？如果你的隊友「每天練習新技巧，想磨練自己的球技」，或是「不怕失敗，嘗試挑戰，只為了踢出好球」，最後成功提升自己的球技，你在球隊裡的重要性就會往下降，很可能變成板凳球員。

　　讀書求學和將來出社會工作，也是同樣道理，如果你停止挑戰，但身邊的人都努力向上，那麼即使你想一直維持在現狀，也是不可能的。想想這一點，你就會明白，比起失敗，強烈的現狀偏誤對人生的影響更可怕。

與其害怕失敗，不去挑戰新事物更令人恐懼！

> 我很害怕也不敢挑戰新事物……
> 我覺得保持現在這樣就好。

> 沒有人永遠都不會失敗，人家都說失敗為成功之母，
> 再這樣下去，你就會被努力的人遠遠拋在後面喔！

> 我想改變這種個性，
> 有沒有什麼好方法？

策略

> 仔細思考「現狀偏誤」（P.66）的不理性
> 行為，以及不挑戰新事物有什麼缺點。

> 即使我想維持現狀，只要大家都在挑戰，我就
> 會被追趕過去。比起失敗，我更怕落後大家，
> 我覺得我應該挑戰新事物才對！

> 挑戰一定有失敗的可能，雖然是一件很麻
> 煩的事，不過我還是希望各位不要沉溺於
> 安逸的現狀，要努力克服「現狀偏誤」。

一起來思考

- 你是不是過於害怕失敗，不敢挑戰新事物？
- 你是勇於挑戰的人嗎？

各種學問彼此息息相關！

　　行為經濟學涵蓋了經濟學和心理學的知識，以前沒有人認為這兩種學問可以結合在一起。

　　各位在學校裡學習各種知識，可能覺得「國語和英語無關」、「數學科跟家政科無關」，但是我們又常在意想不到的地方運用某個學科的知識，原本以為不相干的學問，也常在意外之處產生交集。舉例來說，無論是將英文翻譯成中文，或是理解數學應用題的時候，都需要語文能力；上家政課學習做菜時，如果沒有數學概念，就無法掌握要放多少調味料。

　　未來，結合不同領域知識的新學科將會愈來愈重要，如本書介紹的行為經濟學。我不知道還有哪些學問會與其他學問產生交集，但是，各位只要保持興趣，學習各種新事物，總有一天你一定會慶幸自己學了那麼多，大幅提升自我發展的可能性。

即使是自己不擅長的科目，也可能會在意想不到的地方派上用場！

第 **7** 章

建立正確心態，

善用

行為經濟學

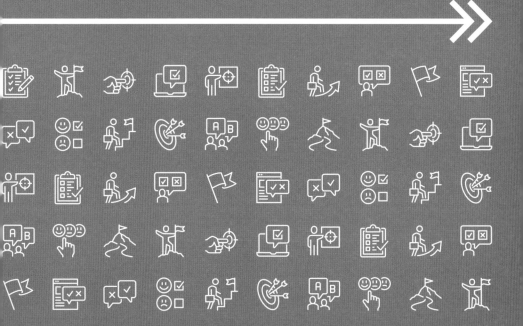

1

依循真實情感最重要！

★不必任何事情都套用行為經濟學。

　　許多事情理性思考絕對比不理性好，然而，一切符合理性思考就一定正確嗎？例如：喜歡看 YouTube 或 TikTok 是理性還是不理性的？如果從這個角度來思考，你就不會覺得把時間花在觀看 YouTube 或 TikTok 有什麼樂趣了。

　　人類有心，很多時候我們會依循自己的內心做事。我們之所以喜歡玩電玩遊戲《當個創世神》，純粹是因為覺得好玩，當然你也可以視為這是「從眾偏誤」的作用，因為大家都在玩，所以自己也要玩，可是如果從這一點來看，遊戲也變得不好玩了。有趣的事物就是讓人覺得開心，享受快樂就好，如果凡事都從行為經濟學的觀點解讀，反而失去身為孩子的純真。

　　當然，如果每件事都依照自己的心情去做，也可能會陷入偏見而判斷錯誤，但比起嚴格的依循行為經濟學，純粹享受自己喜歡的事物和興趣，更為重要。當你覺得自己感情用事導致失敗，不妨想想行為經濟學的知識，改變自己的行為──不要太過緊繃，一邊以輕鬆的心情思考，一邊慢慢的調整，採取理性行動就可以了。

喜歡一件事物有時沒有道理可言

愛看這類影片

合乎理性嗎？

還是**不理性**的行為？

喜歡的事物就去享受。

無須想太多，
喜歡的事物就坦然的「喜歡」！

一起來思考

- 連個人喜好都計算得失，是不是讓自己更累？
- 不妨想像一下，如果大家全都理性的行事，這個世界會是什麼樣子？

2

交朋友也要計算得失？

★從利害得失的角度選擇朋友是找不到知己的。

了解行為經濟學，有助於改變我們對各種事情的看法，交朋友就是其中之一。如果從計算利害得失的角度來交朋友，你可能會產生「那傢伙每次都說要教我功課，可是從來都沒有實現，跟他當朋友對我沒好處」、「我不太喜歡他，但是他會把我想看的漫畫借給我看，和他當朋友有利可圖」等種種想法。

好朋友不應該是為了有利可圖才來往，好朋友可能沒有你想看的漫畫，可是你們無話不談，互相著想，你會想找他一起玩，這才是你們建立友誼的原因。

每個人都有喜歡和討厭的事情，喜歡和討厭的感受並不是經過理性思考而來的，如果你只從利害得失的角度來選擇朋友，你對於人的好惡標準也會變得扭曲。

我在第 118 頁已經說過，按照自己真實的感覺，喜歡的事物就坦然喜歡，對待朋友也是一樣。各位不妨問問爸媽，他們擁有的好朋友一定不是基於利害得失而結交的。

一 起 來 思 考

● 你是根據得失還是個人好惡來選擇朋友？
● 如果你的好友是「因為有利益才選擇當你的朋友」，你會怎麼想？

3

不要忘記
「吃虧就是占便宜」！

★只看眼前利益會讓自己吃大虧！

人都不想吃虧，這是理所當然的道理，但如果過於計較得失，凡事都用行為經濟學判斷，反而不是聰明的選擇。

俗話說「吃虧就是占便宜」，我希望各位記住這句話。這句話的意思是「就算一時吃虧，但可以從中學習經驗，未來會得到很多好處」。

假如有人想要一本萬利，開了一家新店，以離譜的價格來販售商品，剛開始，不知情的消費者可能會因為商品稀奇罕見的關係而購買他的商品，讓他賺了不少錢。但是，隨著口碑在網路迅速傳開，「好貴」、「敲竹槓」的惡評深植人心，消費者也不會再上門。從長遠來看，消費者不再上門的損失，遠大於一開始賺到的錢。

Panasonic 創始人松下幸之助曾針對「吃虧就是占便宜」這句話提出自己的看法，右頁這段話闡述的雖然是商人的態度，但也很適合給讀者參考。堅決不願吃虧的人很容易變得自私，只顧自己的利益，沒有人想和這樣的人交朋友或建立合作關係，這樣的人將來一定會吃大虧，你認為呢？

經營之神談論「吃虧就是占便宜」

有「經營之神」美譽的Panasonic創始人

松下幸之助
（1894年11月27日–1989年4月27日）

和歌山縣人，9歲就從小學輟學到大阪工作，1918年創立現在的Panasonic（前身為松下電器產業），在他的經營之下發展成為國際大企業。

「小時候老闆經常教導我，『吃虧就是占便宜』是做生意的真諦，雖然是老生常談，但生意人唯有吃虧才會成功。這個道理不只適用於做生意，也適用於所有人類，這是每個人以及全體人類社會都通用的道理。」

各位是不是「不願吃虧，只想得到好處」呢？

一起來思考

- 你是不是曾經因為追求眼前利益，後來卻吃了大虧？
- 對於只顧自己利益的人，你有什麼想法？
- 你做事時會考量周圍其他人的利益嗎？

4

只追求「合理」的人生 過於無聊！

★人生稍微浪費一下也無妨！

　　只要具備行為經濟學的知識，讓自己朝行事合理的目標邁進，可以減少金錢損失，還能避免浪費時間。做事情有效率、合乎邏輯，讓自己變得更好，絕對是很重要的事情。

　　可是，如果過度追求理性，會讓人生變得無趣。用功讀書比打電玩更有意義，不過，若各位因為這樣就認為「打電玩浪費錢又浪費時間，於是決定再也不打電玩」，結果只會讓自己的人生失去許多樂趣。我們應該從另一個角度思考，「打完電玩要更用功讀書」，將之前的浪費轉化為後來努力的養分。還有，如果每一次在外吃飯，都要思考店家的餐點價格是不是合理，你覺得這樣的生活有樂趣嗎？「想吃就吃」的心情能讓料理更美味。

　　合理的決定很重要，但事事都追求百分之百的合理，是不可能實現的目標。行為經濟學是一門非常實用的學問，它是讓我們過得更幸福的方法，並不是人生的目的。只要覺得開心，在玩樂的過程中耗費的時間也就不算浪費，反而體現「吃虧就是占便宜」的道理。凡事追求合理，也不代表一定就能得到幸福。

你覺得成為一個百分之百理性的人，
人生會很快樂嗎？

一起來思考

● 放棄所有會讓人快樂的事情，對自己有利嗎？
● 你覺得為了不吃虧，犧牲所有開心的事情，是正確的做法嗎？

【參考資料】

● 《誰說人是理性的！：消費高手與行銷達人都要懂的行為經濟學》／天下文化／丹‧艾瑞利　著／周宜芳、林麗冠、郭貞伶　譯
（Predictably Irrational, Revised and Expanded Edition: The Hidden Forces That Shape Our Decisions）

● 《如何活用行為經濟學：解讀人性，運用推力，引導人們做出更好的行為，設計出更有效的政策》／經濟新潮社／大竹文雄　著／陳正芬　譯
（行動経済学の使い方）

● 《現代経済学 ゲーム理論・行動経済学・制度論》／中公新書／瀧澤弘和　著

● 《秒懂行為經濟學：從人性下手，掌握非理性消費，行銷無往不利！》／本事出版社／阿部誠　監修／謝敏怡　譯
（サクッとわかる ビジネス教養 行動経済学）

● 《今日から使える行動経済学》／ナツメ社／山根承子、黒川博文、佐佐木周作、高阪勇毅　著

● 《情報を正しく選択するための認知バイアス事典》／フォレスト出版／情報文化研究所（山崎紗紀子、宮代梢、菊池由希子）著／高橋昌一郎　監修

【原版製作人員】

執筆・編輯 .... バウンド
內文設計 .... 山本真琴（design.m）
插圖 .... 瀬川尚志
DTP .... バウンド

126

索引

快樂文化　BOOK REPUBLIC　知識圖書館 016

怎麼做出最好選擇？人人都需要的行為經濟學

監　　修　犬飼佳吾
撰　　文　バウンド

翻　　譯　游韻馨
責任編輯　王筑螢、許雅筑
美術設計　李佳佳
內文排版　喬拉拉

快樂文化
總 編 輯　馮季眉　●主編　許雅筑
FB粉絲團　https://www.facebook.com/Happyhappybooks/

出　　版　快樂文化／遠足文化事業股份有限公司
發　　行　遠足文化事業股份有限公司（讀書共和國出版集團）
地　　址　231新北市新店區民權路108-2號9樓
電　　話　(02) 2218-1417　●傳真　(02) 8667-1065
網　　址　www.bookrep.com.tw ●信箱　service@bookrep.com.tw
法律顧問　華洋法律事務所蘇文生律師
團體訂購請洽業務部(02) 2218-1417 #1124

印　　刷　凱林彩印股份有限公司
初版一刷　2023年11月

定　　價　350元　●書號 1RDB0016　●ISBN 978-626-97652-2-5

國家圖書館出版品預行編目 (CIP) 資料

怎麼做出最好選擇？：人人都需要的行為經
濟學／犬飼佳吾監修；バウンド 著；游韻馨
譯. – 初版. – 新北市：快樂文化出版：遠
足文化事業股份有限公司發行, 2023.11
　面；　公分
ISBN 978-626-97652-2-5(平裝)

1.CST: 經濟學 2.CST: 行為心理學
550.14　　　　　　　　　　112016585

特別聲明：有關本書中的言論內容，不代表本公司／出版集團之立場與意見，文責由作者自行承擔。